築牢安全根基
加快由治及興

—

《維護國家安全條例》立法評論選萃

目　錄

五、法律實務界分析：恪守法治　高質典範 ⋯⋯⋯⋯ **181**

築牢根基　由治及興

築牢安全根基　加快由治及興——祝賀香港特區《維護國家安全條例》順利通過

◎ 國務院港澳事務辦公室

今天，香港特區立法會全票通過《維護國家安全條例》（以下簡稱"香港國安條例"），順利完成基本法第 23 條立法，進一步落實特區維護國家安全的憲制責任，實現了包括香港同胞在內的全國人民期盼已久的共同願望，在新時代新征程"一國兩制"事業發展進程上具有重要里程碑意義。我們對此完全支持和熱烈祝賀！國安才能港安，國安才能家安。保國家安全，就是保"一國兩制"，就是保香港繁榮穩定，就是保外來投資者的利益，就是保香港的民主自由，就是保香港全體居民的人權和根本福祉。香港國安條例的制定實施，必將進一步築牢香港發展的安全根基，推動香港加快實現由治及興。

一、香港特區積極履行維護國家安全憲制責任，
充分彰顯愛國愛港新氣象

國家安全關乎國家核心利益，在任何國家都是頭等大事。維護國家安全立法屬於中央事權，中央通過香港基本法第 23 條授權並要求特區自行立法禁止危害國家安全的行為和活動。然而香港特區成立後，由於

反中亂港勢力和外部敵對勢力不斷"污名化""妖魔化"阻撓破壞，該項立法遲遲未能完成，成為香港特區維護國家安全的一大漏洞和執行基本法的一大缺陷。特別是 2019 年"修例風波"中"港獨"猖獗、"黑暴"肆虐、"攬炒"橫行，嚴重踐踏法治和社會秩序，嚴重破壞香港繁榮穩定，嚴重挑戰"一國兩制"原則底線。中央審時度勢，果斷採取制定實施香港國安法和完善香港特區選舉制度等一系列標本兼治的舉措，推動香港局勢實現由亂到治的重大轉折，使香港發展重回正軌。香港社會越來越深刻地認識到，維護國家主權、安全、發展利益是"一國兩制"方針的最高原則。沒有國家安全，"一國兩制"和香港繁榮穩定都無從談起。在香港國安條例制定過程中，香港特區方面面展現出充分的自覺、高度的認同和堅定的意志，支持立法成為全社會的主旋律。

——**特區政府敢於擔當、善作善成。**李家超行政長官在 2023 年施政報告中明確提出 2024 年完成 23 條立法。特區政府有條不紊展開嚴謹扎實的準備工作。今年 1 月，特區政府啟動立法的公眾諮詢，發佈長達 80 多頁的諮詢文件，詳盡介紹了立法的目的、原則、方式和要點，並通過舉辦諮詢會等多種形式，認真聽取各方意見建議，及時解疑釋惑。條例草案提交立法會審議後，特區政府官員深入細緻回答議員提出的上千條問題，對各個條款作出具體清晰的解釋說明，同時認真聽取議員意見，積極研究吸納，充分展現了責任擔當和科學、專業的精神。

——**立法機關盡職盡責、嚴謹專業。**立法會主席代表全體議員發表聲明承諾忠實履行職責，全力做好審議工作。議員們紛紛表示深感責任重大、無上光榮。在公眾諮詢期，立法會成立小組委員會同步開展研究，做好必要準備。收到政府提交的條例草案後，立法會依照法定程序成立法案委員會逐條審議。議員們逐字逐句釐清細節，務求清晰準確、精益求精；對關鍵條文反復討論、字斟句酌，既進一步優化了草案，也使公眾對立法有了更清晰的認識。審議過程全程直播、公開透明，議員與官員理性交流、良性互動，確保了審議的高質量，受到廣泛好評。

——社會各界全力支持、積極參與。從各主要政團、社團到各主要商會、專業團體，涵蓋社會各階層、各界別、各群體的數百個代表性團體組織紛紛發聲支持立法。大家一致表示，這項立法"欠賬太久"，應當盡快完成。公眾諮詢階段，社會各界踴躍表達意見，積極建言獻策。特區政府共收到 13489 份意見，其中支持及提出正面意見的 13297 份，佔總數的 98.58%。不少專業人士還發揮自身優勢，將"法言法語"轉化為通俗話語向市民進行解說，增進了社會對立法的瞭解。外國商會和企業也以不同方式表示，立法將使營商環境更穩定和明朗，對此理解和支持。

二、香港國安條例順利通過，為保持香港長期繁榮穩定、推動"一國兩制"實踐行穩致遠提供更加堅實的制度保障

香港國安條例開宗明義明確，制定本條例的目的，就是為了全面準確、堅定不移貫徹"一國兩制"方針，建立健全特區維護國家安全的法律制度和執行機制，依法防範、制止和懲治危害國家安全的行為和活

動，保障特區居民和在特區的其他人的合法權益，確保特區內的財產和投資受法律保護，保持特區的繁榮和穩定。立法會審議通過的香港國安條例平衡兼顧維護國家安全和保障權利自由及經濟發展，充分實現了立法目的。

——全面有效維護國家安全。香港國安條例與已實施的香港國安法有機銜接，補齊了特區維護國家安全制度機制的短板，共同構築起特區維護國家安全的堅實屏障。香港國安法規定了特區維護國家安全的基本法律制度和執行機制，香港特區仍須全面履行香港基本法、全國人大"5·28"決定和香港國安法對特區維護國家安全的憲制要求，通過本地立法完善特區維護國家安全的具體制度和機制。香港國安條例對基本法第23條規定的危害國家安全的行為和活動作出了規管，並適應香港維護國家安全的實際需要完善了相關制度機制，使香港特區能夠全面有效防範、制止和懲治危害國家安全的行為和活動。

——充分尊重和保障人權。香港國安條例打擊的是極少數危害國家安全的違法犯罪分子，保護的是絕大多數人的人權自由。條例明確將尊重和保障人權作為重要原則，保護基本法規定的各項權利和自由，《公民權利和政治權利國際公約》《經濟、社會與文化權利的國際公約》適用於特區的有關規定繼續有效。這一立法精神實實在在、具體細緻地貫穿和體現於條例的每一個部分。條例內容十分清晰，明確界定罪行要素，清楚劃分罪與非罪，規定了罪刑法定，無罪推定，保障犯罪嫌疑人、被告人和其他訴訟參與人的辯護權和其他訴訟權利，法不溯及既往等原則，並對特定罪行設定了明確的排除事項和免責辯護。執法機構行使權力必須符合法定條件、遵循嚴格程序並接受司法監督。這些規定充分保護了公眾依法享有的各項權利和自由。

——**更好統籌發展和安全**。貫穿香港國安條例全文的宗旨是，既保安全，又保發展。弁言明確規定，本立法除了維護國家安全，還"必須保障特區居民和在特區的其他人的合法權益，確保特區內的財產和投資受法律保護，保持特區的繁榮和穩定"。所有條文都為此而訂立，既是保安全之法，也是保發展之法，更好統籌了發展和安全。條例的適用範圍非常明確，只針對危害國家安全的行為和活動，不針對正常商業交易和國際交往，也不針對一般的商業糾紛和刑事案件。立法充分考慮了香港國際金融、航運、貿易中心運作和拓展暢通便捷國際聯繫的需要，確保條例的實施不影響商業諮詢、市場調查等活動的正常開展和資訊的自由流通。條例在有效維護國家安全的同時，也為香港營造了更穩定、更可預期的營商和發展環境，使來自世界各地的人們更有信心在香港投資、營商、生活，使香港繼續成為"幹事創業的天堂、成就夢想的地方"。

香港國安條例採用普通法制度下常用的法律草擬方式和習慣訂立，充分吸收香港社會熟悉的現行法律規定，並積極借鑒其他國家特別是普通法國家同類立法最新成果和有益經驗，與國際通行做法及規則接軌，是一部香港居民和外來投資者易於理解和遵守的法律，必將對維護國家安全、保持香港長期繁榮穩定、推動"一國兩制"實踐行穩致遠發揮重要保障作用。

三、在高水平安全保障下，香港定能實現高質量發展和
高水平開放，加快由治及興的鏗鏘步伐

香港國安條例的通過與制定實施香港國安法、完善特區選舉制度、重塑區議會制度一道，構築起"一國兩制"下特區維護安全穩定、促進良政善治的制度體系。在立法過程中，香港社會普遍表達出完成立法後全力拚經濟、謀發展的強烈願望。這一願望一定要實現，也一定能夠實現。

——"一國兩制"方針長期不變。習近平主席去年 12 月 18 日聽取行政長官述職報告時再次強調，中央全面準確、堅定不移貫徹"一國兩制"方針長期不變。這是擲地有聲的鄭重宣示。無論是制定實施香港國安法，還是支持香港特區制定香港國安條例，都是為了全面準確貫徹"一國兩制"方針，為了堅持和完善"一國兩制"制度體系，為了確保"一國兩制"實踐行穩致遠。香港的資本主義制度不會變，生活方式不會變，普通法制度不會變，"馬照跑、舞照跳、股照炒"。隨著實踐的深入推進，"一國兩制"的生命力和優越性將不斷顯現。

——香港的獨特地位和優勢更加鞏固。香港背靠祖國、聯通世界，一直是全球最自由、最開放的獨立經濟體，參與 260 多個國際協議和 30 多個政府間國際組織，獨特地位和優勢突出。有了香港國安法和香港國安條例，法治的確定性和社會的穩定性進一步增強，香港可以更

好聚焦發展，社會蘊藏的巨大創造力和發展活力將得到充分釋放。香港的國際金融、航運、貿易中心地位將持續鞏固，世界一流的法治和營商環境將不斷提升，香港的開放度、自由度將越來越高，聯通性、包容性將越來越強，香港將更好地成為中國與世界交往合作的重要橋樑紐帶。

——**"愛國者治港"強大效能日益彰顯**。從完善香港特區選舉制度到重塑區議會制度，從選委會選舉、立法會選舉、行政長官選舉順利舉行到新一屆特區政府組建，再到新一屆區議會產生，"愛國者治港"原則得到全面落實，制度優勢不斷轉化為治理效能。行政長官和特區政府積極履行當家人和第一責任人的職責，立法會不斷提高議政能力水平並與行政機關既互相制衡又互相配合，司法機關依法獨立公正履行職責，區議會用心用情服務市民，香港呈現出良政善治的嶄新面貌。在香港國安法和香港國安條例的堅強保障下，"愛國者治港"局面將更加穩固，建設更加美好香港的強大合力將進一步匯聚。

——**偉大祖國永遠是香港的堅強後盾**。中央一直把香港視為"掌上明珠"，750多萬港人和14億內地居民是血脈相連的骨肉同胞，"香港有求、祖國必應"。在香港邁向由治及興的新階段，中央將一如既往全力支持香港積極應對外部環境變化，集中精力發展經濟、改善民生。中央有關部門近期接連推出深化內地與香港金融合作、增加內地赴港澳"個人遊"城市等政策措施，更多挺港惠港政策措施將陸續有來。更重要的是，我國經濟長期向好，中國式現代化建設扎實推進，國家"十四五"規劃、粵港澳大灣區建設、高質量共建"一帶一路"等重大戰略深入實施，為香港源源不斷注入強勁發展動能。香港前景廣闊、風光無限。

香港特區國家安全立法的歷程再次證明，歷史車輪滾滾向前，正義的事業是不可戰勝的，任何反動勢力都阻擋不了"一國兩制"事業前進的步伐。隨著香港國安條例的制定實施，香港發展的安全根基必將進一步築牢，香港由治及興的進程必將進一步加快。香港一定能夠實現更好發展、創造更大輝煌，在強國建設、民族復興偉業中發揮更大作用，不斷譜寫"一國兩制"成功實踐的嶄新篇章！

2024 年 3 月 19 日

築牢長治久安防護牆　開啟由治及興新篇章

◎ 中央政府駐港聯絡辦

中央人民政府駐香港特別行政區聯絡辦公室 3 月 19 日發表聲明表示，香港特區立法會今天以全票通過《維護國家安全條例草案》，這是香港回歸祖國以來又一具有里程碑意義的大事，標誌著香港特區有效落實基本法第 23 條規定的憲制責任，築牢了香港長治久安和繁榮穩定的"防護牆"，將以高水平安全保障高質量發展，香港由治及興的前景更加光明。

聲明指出，香港特區立法會審議通過的《維護國家安全條例草案》是一部順民意、保安全、護發展的法律，也是一部廣大愛國愛港市民期盼 26 年多的法律。我們注意到，在特區政府宣佈啟動立法之際，社會各界人士紛紛發聲支持立法。公眾諮詢階段更是 98.6% 的意見支持立法。之所以能凝聚強大的社會共識，就是因為香港國安法制定實施前後的對比讓香港社會深刻認識到，安全與發展是車之兩輪、鳥之兩翼，國安才能家好。回想 2019 年"修例風波"期間，"港獨"猖獗、"黑暴"肆虐、"攬炒"橫行，以致百業凋敝、社會動盪不安，又談何發展經濟、保障民生？香港國安法為香港由亂到治並健步走向由治及興奠定堅實基礎，但香港面對的國家安全挑戰依然複雜嚴峻，與香港國安法實施配套的制度機制還須進一步健全。基本法第 23 條本地立法勢在必行。

　　聲明認為，香港國安條例草案順利通過彰顯香港由治及興新階段"愛國者治港"新氣象。行政長官和特區政府堅決扛起"第一責任人"的重任，堅持依法立法、民主立法、科學立法，扎實推進立法工作，認真起草法案文本，積極開展公眾諮詢，舉行近 30 場座談會，有效回應社會關切、澄清各種誤解。立法會依法嚴肅審議法案，嚴格遵循法定程序，過程公開透明、嚴謹有序、高質高效，展現了行政立法良性互動、協力履行憲制責任的嶄新氣象。

　　聲明表示，香港國安條例是一部兼顧維護國家安全和保障人權自由的好法律。條例的通過，與已實施的香港國安法有機銜接，補上香港維護國家安全存在的短板漏洞，進一步完善相關法律制度和執行機制，從而確保有效防範制止和懲治危害國家安全的行為和活動，為香港長治久安和保持長期繁榮穩定保駕護航。條例充分保障香港居民根據基本法、《公民權利和政治權利國際公約》《經濟、社會與文化權利的國際公約》適用於特區的有關規定享有的權利和自由，積極借鑒其他國家特別是普通法國家同類立法最新成果和有益經驗，與國際通行做法及規則接軌。事實將證明，在補齊國安制度短板之後，一個安全穩定、發展可期的香港必將更加人財兩旺、魅力四射。

　　聲明強調，香港國安條例草案的順利通過，讓香港能夠輕裝上陣、心無旁騖，全力拚經濟、謀發展、惠民生。在高水平安全保障下，香港定能抓住中國式現代化進程中的香港機遇，在服務強國建設、民族復興偉業中實現自身更大的發展。

《人民日報》香港 3 月 19 日電

全國人大常委會法工委負責人就香港特別行政區制定《維護國家安全條例》發表談話

◎ 全國人大常委會法工委

　　3 月 19 日，香港特別行政區立法會審議通過了《維護國家安全條例》。這是香港特別行政區落實維護國家安全憲制責任的重大舉措，是全面履行維護國家安全法定義務的切實成果，值得充分肯定。

　　香港特別行政區是中華人民共和國不可分離的部分，是中華人民共和國的一個享有高度自治權的地方行政區域，直轄於中央人民政府。香港維護國家安全是國家安全不可或缺的重要組成部分。憲法是我國特別行政區制度的根本法律依據。香港特別行政區基本法、全國人民代表大會關於建立健全香港特別行政區維護國家安全的法律制度和執行機制的決定和香港特別行政區維護國家安全法都明確規定香港特別行政區維護國家安全的憲制責任和立法義務。香港特別行政區依法制定《維護國家安全條例》，進一步建立健全維護國家安全的法律制度和執行機制，為依法防範、制止和懲治危害國家安全的行為和活動提供了有力法制保障，有利於全面準確、堅定不移貫徹“一國兩制”方針，有利於依法維護香港居民和其他人的合法權利和自由，有利於保持香港特別行政區長期繁榮穩定。

我們注意到，香港特別行政區《維護國家安全條例》立法過程經過了香港社會廣泛深入的公眾諮詢和立法會認真全面的審議，條例草案經過修改完善後獲得立法會全票支持通過。這充分體現了香港特別行政區政權機關、社會各界和香港同胞堅定維護國家主權、安全和發展利益，堅定維護憲法和香港基本法確定的特別行政區憲制秩序和法治秩序的共同意志，具有廣泛社會基礎。我們相信，香港特別行政區行政機關、立法機關、司法機關將會遵循和貫徹法治原則，認真做好條例實施相關工作。

根據香港基本法有關規定，香港特別行政區立法機關制定的法律須報全國人民代表大會常務委員會備案。對香港特別行政區立法機關制定的法律進行備案審查，是憲法和香港基本法賦予全國人大常委會的一項重要職權。根據有關法律規定，全國人大常委會收到報送備案的《維護國家安全條例》後，將由有關工作機構依照法定職責和程序進行審查，適時向全國人大常委會報告備案審查工作情況。

《人民日報》香港 3 月 19 日電

健全法律制度　築牢法治屏障　共同譜寫香港維護國家安全新篇章

◎ 駐港國家安全公署

　　中央人民政府駐香港特別行政區維護國家安全公署發言人 3 月 19 日發表談話表示，香港特區立法會今天全票審議通過《維護國家安全條例》，標誌著延宕了近 27 年的香港基本法第 23 條立法工作順利完成，具有里程碑意義，為香港長治久安、"一國兩制" 行穩致遠築起了新的法治長城。

　　發言人指出，本次立法是香港特區落實基本法、全國人大有關決定和香港國安法規定的憲制責任和義務，進一步健全香港特區維護國家安全法律制度和執行機制的一項重大標誌性工作，具有堅實的法理基礎和迫切的現實需要。過去相當長一個時期尤其是 "修例風波" 期間，內外各種反中亂港勢力利用香港維護國家安全法律的缺失，大肆進行破壞活動。香港國安法頒佈實施後，香港局勢實現由亂到治的重大轉折，但危害國家安全的風險尚未徹底剪除。香港各界普遍認識到，只有完成 23 條本地立法，進一步健全特區維護國家安全的制度體系，才能確保香港繁榮穩定和 "一國兩制" 行穩致遠。

　　發言人表示，《維護國家安全條例》立法程序嚴謹規範，立法內容科學合理，罪行要素界定清晰，刑罰輕重寬嚴適度，兼顧維護國家安全和保障權利自由及經濟發展的平衡，符合國際法和國際通行慣例。條例與香港國安法銜接互補，有力堵塞香港特區維護國家安全法律漏洞，構築起維護國家安全的堅實屏障。

發言人指出，隨著《維護國家安全條例》落地實施，極少數人實施危害國家安全的行為和活動將被依法防範、制止和懲治，廣大香港市民和國際投資者都將從中受益。特區普通法整體優勢和制度效能將充分發揮，香港高質量發展和高水平開放將得到更堅強的法治保障。事實證明，一切干擾破壞 23 條立法的企圖注定是徒勞的，護佑香港安全穩定的法治環境必將日益穩固，全社會凝心聚力融入國家發展大局必將勢不可擋，"東方明珠"必將綻放出璀璨美好前景。

發言人強調，"國安"才能"港安"，"國安"才能"家安"。駐港國家安全公署將繼續堅定依法履職，一如既往地全力支持香港特別行政區履行維護國家安全憲制責任，全面準確貫徹實施香港國安法及《維護國家安全條例》等香港本地法律，以新安全格局保障新發展格局，共同譜寫香港維護國家安全新篇章。

《人民日報》香港 3 月 19 日電

23條立法築牢維護國安屏障　香港由治及興再創輝煌

◎ 外交部駐港公署

　　3月19日，香港特區立法會全票通過《維護國家安全條例》。這在"一國兩制"實踐進程中具有里程碑意義，外交部駐港特派員公署對此表示熱烈祝賀！

　　完成香港基本法第23條立法是香港特區憲制責任、現實需要。特區行政和立法機關嚴謹扎實、高質高效完成立法程序，順應人心所向、眾望所盼。立法為香港維護國家安全量身打造堅強鎧甲，為香港實現由治及興提供堅實支撐，展現了"愛國者治港"新氣象，翻開了"一國兩制"事業新篇章。香港社會各界對此普遍歡迎，國際社會正義力量充分理解支持。

　　香港國安條例契合世界各國維護國家安全立法趨勢，符合香港普通法制度，充分借鑒其他國家特別是普通法國家同類立法經驗，與國際通行做法及規則相接軌。香港國安條例依法保護香港居民根據基本法和《公民權利和政治權利國際公約》《經濟、社會及文化權利國際公約》適用於特區的有關規定享有的各項權利和自由，精準針對危害國家安全的行為，罪行定義清晰，充分考慮香港高度自由開放、與國際社會聯繫緊密的實際情況，有力保障香港居民福祉和權益，切實保護在港外國機構、組織、人員的正當商業行為和國際交往需要。

安全是發展的前提，法治是繁榮的基石。香港國安條例的順利通過將有利於發揮特區法律體系的整體制度效能，進一步構建安全、便利、高效的營商環境，增強本地和海外投資者的信心，以高質量安全保障高質量發展，保障香港長治久安和繁榮穩定。香港將繼續成為全球企業和人才投資興業的熱土、逐夢築夢的福地。

中國中央政府全面準確、堅定不移貫徹"一國兩制"方針，全力支持香港發揮自身優勢、在更好融入國家發展中實現自身更好更快發展，全力支持香港同世界各地開展更廣泛、更緊密的交流合作。那些別有用心抹黑23條立法、詆譭破壞"一國兩制"的卑劣把戲，煽惑不了心明眼亮的香港市民，蠱惑不了國際社會有識之士，阻擋不了香港由治及興的歷史大勢。我們堅信，有偉大祖國的堅定支持，有"一國兩制"方針的堅實保障，香港定能乘勢而上開創新的發展局面，東方之珠必將綻放更絢麗光彩！

2024 年 3 月 19 日

23 條立法令香港在由治及興大道上全速前進

◎ 香港特區行政長官李家超

　　香港特區立法會 19 日三讀全票通過《維護國家安全條例》（以下簡稱"條例"）。特區行政長官李家超其後會見傳媒表示，完成香港基本法第 23 條立法讓香港可以昂首闊步在由治及興大道上全速前進，全力拚經濟、謀發展、惠民生、添幸福。

　　李家超表示，今日是香港的歷史時刻，是特區第六屆政府和第七屆立法會終於共同完成光榮使命的歷史時刻。香港基本法第 23 條立法的憲制責任和歷史使命終於完成，國家安全得到有效保障。

　　李家超表示，他將簽署法案，並在 23 日將條例刊憲公佈實施。條例讓香港有效防範、制止和懲治敵對勢力的滲透破壞，可有效防範"黑暴""顏色革命"，可有效防範"港獨"和暴力破壞，讓香港市民不會再經歷那些傷害和悲痛。

　　他說，條例會帶來社會安全、穩定、繁榮。安全和穩定的環境將使香港更吸引企業和投資。條例同時確保人權和自由，並確保特區內的財產和投資受法律保障。

　　李家超表示，完成 23 條立法是貫徹"一國兩制"方針的必要工作，立法過程使他對"一國兩制"內涵有更深刻的體會。完成 23 條立法後，在國家安全得到保障下，在"一國兩制"給予特區的獨特地位和優勢下，香港風光無限好。

他說，完成 23 條立法後，香港鞏固了由亂到治的"護土牆"，可以昂首闊步在由治及興的康莊大道上全速前進，全力拚經濟、謀發展、惠民生、添幸福。

新華社香港 3 月 19 日電

繁榮穩定　前景可期

夯實香港發展安全根基　推動“一國兩制”實踐行穩致遠

◎ 新華社評論員

　　香港特區立法會 3 月 19 日全票通過《維護國家安全條例》（以下簡稱 “香港國安條例”），順利完成香港基本法第 23 條立法。這標誌著香港特區履行維護國家安全憲制責任取得重大進展，補上了特區維護國家安全制度機制的漏洞和短板，為香港加快實現由治及興提供了重要制度保障，是新時代新征程 “一國兩制” 事業發展的重要里程碑。香港國安條例的制定實施，必將進一步夯實香港發展的安全根基，推動 “一國兩制” 實踐行穩致遠。

　　維護國家主權、安全、發展利益是 “一國兩制” 方針的最高原則。國家憲法與香港基本法共同構成香港特區的憲制基礎。中央通過香港基本法第 23 條授權並要求特區自行立法維護國家安全。香港特區依法完成 23 條立法是履行維護國家安全憲制責任、落實基本法以及全國人大 “5·28” 決定和香港國安法相關規定的應有之義。

　　新通過的香港國安條例對基本法第 23 條規定的危害國家安全的行為和活動作了規管，並適應香港維護國家安全的實際需要完善了相關制度機制，使香港特區能夠全面有效防範、制止和懲治危害國家安全的行為和活動。它和已實施的香港國安法有機銜接，共同構築起維護國家安全的堅強防線，共同成為護衛"一國兩制"的重要法律保障。

法不可不立，國不可不安。2019年"修例風波"的慘痛教訓警示我們，香港面臨的國家安全風險一直真實存在、隨時可能爆發，不能須臾放鬆警惕。高質量完成23條立法，將有效遏制外部敵對勢力妄圖"亂港遏華"、反中亂港分子持續興風作浪的風險。

香港國安條例的制定獲得廣大市民和社會各界的支持，彰顯香港邁入由治及興新階段的愛國愛港新氣象。行政長官和特區政府堅決扛起重任，堅定推進立法工作。公眾諮詢科學有序、公開透明、高質高效。特區政府舉辦近30場諮詢會，詳細解說諮詢文件，認真聽取各方意見建議。從各主要政團、社團到各主要商會、專業團體，社會各界紛紛發聲支持立法，"保安全、謀發展"成為最強音。在港外國商會和企業也以不同方式對立法表示理解和支持。

法案審議依法依規、嚴謹務實，充分體現特區邁向良政善治的新風貌。在法案審議過程中，特區立法會議員認真履職，積極反映社會關注，嚴格依法對法案進行全面細緻的審議。特區立法會相關法案委員會連續開會，完成對條例草案及修正案的逐條審議，使條例內容更清晰、定義更準確，令社會大眾更放心。整個審議過程依法、高效、專業，反映出特區立法機關與行政機關各司其職又相互配合的良性互動新模式，成為特區新管治團隊一起為民做實事的最新例證。

香港國安條例在維護國家安全和保障權利自由及經濟發展之間取得了良好平衡。有關條文嚴謹、合理、恰當，符合香港實際和國際通例，嚴格遵循法治原則，充分尊重和保障人權，充分借鑒其他國家特別是普通法國家立法經驗，充分吸收香港社會熟悉的現行法律規定，充分保障居民福祉和權益，充分保護特區內的財產和投資。

"一國兩制"必須長期堅持，這是中央政府的堅定決心，也是香港社會的共同願望。23 條立法順利完成，將為香港改善營商環境、提升競爭優勢提供堅實保障，並以高水平安全保障香港高質量發展和高水平開放。

香港國安法制定實施 3 年多來，香港市民和國際社會對香港的信心指數持續回升，國際機構對香港營商環境評價正面積極。特區政府統計顯示，2023 年母公司在海外或內地的駐港公司數目達 9039 間，恢復至新冠疫情前的高水平。沒有了後顧之憂，香港社會可以心無旁騖、集中精力發展經濟、改善民生，同時為世界各地投資者和人才提供更安全、更可預期、更具吸引力的營商和生活環境，繼續成為人們投資興業的熱土。

"兩岸猿聲啼不住，輕舟已過萬重山。"香港國安條例的通過與制定實施香港國安法、完善選舉制度、重塑區議會制度一道，構築起"一國兩制"下特區維護安全穩定、促進良政善治的制度體系。這將讓香港更有底氣應對可能來襲的風險挑戰，更有保障實現自身更好發展。我們相信，在中央大力支持和香港社會各界共同努力下，香港加快實現由治及興的基礎將更加牢固，獨特地位和優勢會更加突出，"愛國者治港"強大效能會更加彰顯，"一國兩制"成功實踐必將譜寫出更加精彩的新篇。

新華社北京 3 月 19 日電

築牢維護國家安全屏障，確保香港繁榮穩定長治久安

◎ 人民日報評論員

    3 月 19 日，香港特別行政區立法會全票通過《維護國家安全條例》（以下簡稱"香港國安條例"）。這標誌著香港基本法第 23 條立法順利完成，在新時代新征程"一國兩制"事業發展進程上具有重要里程碑意義。

    完成香港基本法第 23 條立法是香港特區履行維護國家安全憲制責任，落實香港基本法、全國人大有關決定和香港國安法的應有之義，也是香港特區應對內外環境深刻變化，防範、制止和懲治危害國家安全行為和活動的迫切要求。特別是經歷 2019 年"修例風波"中"港獨"猖獗、"黑暴"肆虐、"攬炒"橫行的嚴峻局面，香港社會深刻認識到，國安才能港安，國安才能家安。沒有國家安全，"一國兩制"和香港繁榮穩定都無從談起。

    此次立法過程中，行政長官和特區政府堅決扛起"當家人"和"第一責任人"的重任，堅定推進 23 條立法工作；立法會議員認真履職盡責，嚴謹審議通過法案；社會各界全力支持立法，積極建言獻策，充分反映香港由治及興新階段的愛國愛港新氣象。

    香港國安條例順利通過，補上了香港特區維護國家安全本地立法的

漏洞和短板，為保持香港長期繁榮穩定、推動"一國兩制"實踐行穩致遠提供了更加堅實的制度保障。

安全是發展的基礎，以立法形式維護國家安全是國際通行做法。香港國安條例充分借鑒其他國家特別是普通法國家同類立法最新成果和有益經驗，充分吸收香港社會所熟悉的現行法律規定，在統籌發展與安全、統籌維護國家安全和保障權利自由之間取得了良好平衡，彰顯了法治文明的優秀成果，彰顯了香港法治社會的核心價值。對於那些危害國家安全的極少數人，這部法律是高懸的利劍；對於絕大多數香港居民和外來投資者，這部法律是保障其權利和自由、財產和投資的"守護神"。香港國安條例的制定實施，有利於保護香港全體居民的根本福祉，有利於保護世界各地投資者在港的合法利益，有利於特區以高水平安全保障高質量發展和高水平開放，集中精力發展經濟、改善民生，發揮香港的優勢特點，更好融入國家發展大局，實現自身高質量發展。

在強國建設、民族復興的新征程上，香港大有可為，大有作為。落實特區維護國家安全的法律制度和執行機制，築牢維護國家安全屏障，同心協力、共謀發展，香港的未來一定會更加美好，香港一定能為中華民族偉大復興作出新的更大貢獻。

原載《人民日報》，2024 年 3 月 20 日 04 版

穩固基石　香港長治久安啟新章

◎ 中新社記者　路梅

香港基本法第 23 條立法（以下簡稱 "23 條立法"）工作 3 月 19 日順利完成，香港特區立法會全票通過《維護國家安全條例》（以下簡稱 "香港國安條例"），為香港的長治久安奠定了穩固基石，更將為經濟繁榮保駕護航，譜寫香港由治及興新篇章。

本次 23 條立法過程，多層面展現出香港愛國愛港新氣象。

在行政與立法層面，特區政府與立法會全面落實基本法第 23 條、《全國人民代表大會關於建立健全香港特別行政區維護國家安全的法律制度和執行機制的決定》及香港國安法所規定的憲制責任，嚴格依照本地立法程序，經過充分的公眾諮詢和嚴謹的法案審議並三讀通過，其過程完備且高效，充分體現出 "愛國者治港" 原則落實下，香港行政立法關係的良性互動。

在社會層面，香港各界和廣大市民撐 23 條立法的心聲匯聚為強大共鳴，社會安定、經濟繁榮是民心所盼。特區政府就 23 條立法開展的公眾諮詢期間，收到逾 1.3 萬份意見書中，有 98.6% 表示支持並提出正面優化意見。"早一日立法早一日安心"，23 條立法順利完成，亦足見愛國愛港的香港市民對特區政府的信任與支持。

23 條立法完成，將以高水平安全保障香港高質量發展。

維護國家安全與尊重保障人權，二者在根本上是一致的。沒有安全，公眾合法權益的保障便無從談起，此前香港經歷的風波有目共睹，廣大香港市民已有切膚之痛，深感 23 條立法之迫切。

細讀香港國安條例可以看到，在堅定不移並全面準確貫徹"一國兩制"、"港人治港"、高度自治的方針指導下，相關條文界定清晰，傳遞了明確的信息，即精準針對危害國家安全的行為，懲治的只是極少數嚴重危害國家安全之人；同時充分考慮了保護在香港的金融、傳媒、學術及各類非政治性組織的正常商業行為和國際交往需要，為有關機構和組織提供明確的行為指引，也設定了免責辯護和排除情形。

安全是任何地區繁榮發展的最重要保障，香港 23 條立法亦符合國際通例。香港國安法制定實施以來，各界對香港的信心指數持續回升，正面評價香港的營商環境。香港國安條例內容全面尊重和保障人權，也符合香港實際情況，與香港國安法相互銜接，堵住各種缺口，在有效維護國家安全的同時，將為香港營造更加穩定明朗的營商與發展環境。

"潮平兩岸闊，風正一帆懸"，安全得以護航，香港特區充分發揮"一國兩制" 獨特優勢，將輕裝前行。團結齊心發展經濟、改善民生，充分發揮國際金融中心和商業樞紐作用，更好融入國家發展大局、實現高水平開放，由治及興的東方之珠前景無限。

中新社北京 3 月 19 日電

築牢香港長期繁榮穩定 "防護牆"

◎ 經濟日報評論員

　　3月19日，香港特區立法會全票通過《維護國家安全條例》，標誌著香港特區維護國家安全的憲制責任得到有效落實。這是新時代 "一國兩制" 在香港的成功實踐，進一步築牢了香港長期繁榮穩定的 "防護牆"。

　　憲法和香港基本法共同構成香港特區的憲制基礎。憲法對於維護國家安全的責任有明確規定。香港基本法第 23 條明確規定，香港特區應自行立法禁止任何叛國、分裂國家、煽動叛亂、顛覆中央人民政府及竊取國家機密的行為，禁止外國的政治性組織或團體在香港特區進行政治活動，禁止香港特區的政治性組織或團體與外國的政治性組織或團體建立聯繫。

　　全國人民代表大會於 2020 年 5 月 28 日通過《全國人民代表大會關於建立健全香港特別行政區維護國家安全的法律制度和執行機制的決定》，對香港特區維護國家安全提出了基本原則並闡明國家政策和立場。全國人大常委會於 2020 年 6 月 30 日制定《中華人民共和國香港特別行政區維護國家安全法》，其中第七條要求香港特區儘早完成維護國家安全立法。香港特區高質高效完成 23 條立法工作，履行了維護國家安全的憲制責任。

　　香港《維護國家安全條例》條文合法合理、正當恰當，符合香港實際，符合國際通例。世界上沒有在維護國家安全方面"不設防"的城市。紐約、倫敦、東京等金融中心城市所屬國家很早就訂立了數量龐大、覆蓋廣泛、規管嚴厲的維護國家安全法律制度。在維護國家安全方面相關的法律，即使以保守標準計，美國有 21 部，英國有 14 部，澳大利亞有 4 部，加拿大有 9 部，新西蘭有 2 部，新加坡有 6 部。香港《維護國家安全條例》制定過程嚴格遵循法治原則，堅持尊重和保護人權，並充分借鑒其他國家包括美英澳等普通法國家維護國家安全的立法實踐和經驗。

　　安全是發展的前提，法治是繁榮的基石。香港國安法制定實施 3 年多來，香港市民和國際資本對香港的信心指數持續回升。香港特區政府統計數據顯示，2023 年母公司在海外或內地的駐港公司數目達 9039 間，恢復至新冠疫情前的高水平。其中，母公司在日本、美國、新加坡、德國、瑞士、荷蘭、澳大利亞、韓國和瑞典的駐港公司數目都比 2022 年有增加。母公司在新加坡、德國和瑞士的駐港公司數目更超越疫情前的 2019 年，創出新高。2023 年香港初創企業數目高達 4257 間，同比增加 272 間，為歷史新高。特區政府 2022 年底推出的"高端人才通行證計劃" 2023 年共收到 6 萬多宗申請，已獲批 5.1 萬宗。《維護國家安全條例》的制定，將為香港改善營商環境、提升競爭優勢提供更加堅實的保障。

實踐證明，"一國"原則愈堅固，"兩制"優勢愈彰顯，"一國兩制"才能行穩致遠。香港《維護國家安全條例》與香港國安法一起構築維護國家安全的堅強防線，香港的明天會更加美好。

　　　　　　　　　　　　原載《經濟日報》，2024 年 3 月 20 日 03 版

築牢安全穩定制度體系　開啟由治及興嶄新篇章

◎ 大公報社評

　　3月19日，是香港回歸祖國 26 年來又一具有里程碑意義的一天。立法會以全票通過《維護國家安全條例》，標誌著香港特區終於完成了為基本法第 23 條立法的重大憲制責任，更標誌著香港全面構築起"一國兩制"下維護安全穩定、促進良政善治的制度體系。保國家安全，就是保港人根本利益，就是保香港的未來發展。隨著香港國安條例的制定實施，香港的獨特地位和優勢、"愛國者治港"的強大效能、香港在國家發展中的角色，都將得到進一步的鞏固、提升和彰顯。香港大步邁向由治及興的新征程，"東方之珠"必將綻放出更奪目的光彩。

　　這是一部獲得強大民意支持，保障港人根本利益的法律。回顧香港特區成立以來的所有法律，沒有哪一部能像香港國安條例一般有如此強大的民意支持。自 1 月 30 日啟動立法公眾諮詢以來，特區政府收到的意見中超過 98.6% 支持立法。之所以能凝聚強大的社會共識，就是因為香港國安法制定實施前後的對比讓香港社會深刻認識到，安全與發展是車之兩輪、鳥之兩翼，國安才能家好。而整部法律在有效維護國家安全的同時，充分保障了港人的自由權利，被廣泛稱為"保安全、保民生、保發展、保人權"之法。民意對立法支持率之高，反映香港社會生態正在向好、向正、向穩，這是非常喜人的現象。

這是一部行政立法良性互動，彰顯"愛國者治港"新氣象的法律。從行政長官李家超去年 10 月明確提出今年完成基本法第 23 條立法，到 3 月 19 日完成所有工作，效率、速度、成效都是罕見的。行政長官和特區政府堅決扛起"第一責任人"的重任，扎實推進立法工作，有效回應社會關切、澄清各種誤解。立法會依法嚴肅審議法案，嚴格遵循法定程序，過程公開透明、高質高效，展現了行政立法良性互動、協力履行憲制責任的嶄新氣象。換作是在 2019 年之前，這種情形和速度，根本是無法想象。這正正彰顯出"愛國者治港"之下香港的新氣象、新風貌、新作為。

這是一部補全多年歷史欠賬，有效應對未來挑戰的法律。完成基本法第 23 條本地立法是香港的重大憲制責任，如今辦成了多年來一直未能辦成的事，可以說圓了廣大市民的夢想。正如當年的保安局局長、如今的立法會議員葉劉淑儀所說"此次立法肩負更大的責任，能走到今天這一步，令人十分高興"。更重要的是，這不僅僅是一部履行責任的法律，在當前日益嚴峻的國際政經形勢下，香港發展面臨各種國安風險，此次立法築牢了國安防線，更好統籌發展和安全，讓香港再無後顧之憂，能更有效應對未來挑戰。美西方勢力也再難像以往那般，輕易通過滲透等方式破壞香港，黑暴也再難出現。

《維護國家安全條例》的通過，具有重大的歷史、未來和制度性意義，它與制定實施香港國安法、完善特區選舉制度、重塑區議會制度一道，構築起"一國兩制"下特區維護安全穩定、促進良政善治的制度體系，標誌著香港進入制度定型期。有了堅實的制度保障，香港未來發展如虎添翼。

一、**香港獨特地位優勢將進一步得到鞏固**。香港國安條例通過後，香港獨特地位和優勢不僅不會被削弱，反而會因為法治的確定性和社會的穩定性進一步增強，而得到進一步強化。香港得以更好聚焦發展，社會蘊藏的巨大創造力和發展活力將得到充分釋放。國際金融、航運、貿易中心地位將持續鞏固，世界一流的法治和營商環境將不斷提升，香港的開放度、自由度將越來越高，聯通性、包容性將越來越強，香港作為"超級連絡人""超級聚寶盆""超級支撐點"的角色作用將更加突顯。

二、**"愛國者治港"強大效能進一步彰顯**。隨著"愛國者治港"原則得到全面貫徹落實，在更牢固的制度保障之下，未來將發揮出更大的效能。行政長官和特區政府積極履行當家人和第一責任人的職責，立法會不斷提高議政能力水平並與行政機關既互相制衡又互相配合，司法機關依法獨立公正履行職責，區議會用心用情服務市民，香港呈現出良政善治的嶄新面貌。拚經濟、惠民生、創未來的能效更強更足，進一步匯聚建設更加美好香港的強大合力。

三、**香港在國家發展中的角色進一步提升**。中央一直把香港視為"掌上明珠"，正如昨日國務院港澳辦聲明中所指出，在香港邁向由治及興的新階段，中央將一如既往全力支持香港積極應對外部環境變化，集中精力發展經濟、改善民生。更重要的是，我國經濟長期向好，中國式現代化建設扎實推進，國家"十四五"規劃、粵港澳大灣區建設、高質量共建"一帶一路"等重大戰略深入實施，為香港源源不斷注入強勁發展動能。香港在強國建設、民族復興的進程中，前景廣闊、風光無限。

習近平主席在 2022 年"七一"重要講話中指出，只有深刻理解和準確把握"一國兩制"的實踐規律，才能確保"一國兩制"事業始終朝著正確的方向行穩致遠。《維護國家安全條例》的立法歷程再次證明，歷史車輪滾滾向前，正義的事業是不可戰勝的，任何反動勢力都阻擋不了"一國兩制"事業前進的步伐。香港不負中央所託、不負國家信任，完成了歷史使命。展望未來，在中央的支持下，在安全穩定的制度保障下，在全體港人的努力下，香港將全力謀發展、拚經濟、惠民生，邁向由治及興新征程！

原載《大公報》，2024 年 3 月 20 日 A06 版

維護國安立法工程圓滿完成　香港繁榮穩定美好前景可期

◎ 文匯報社評

2024 年 3 月 19 日，是一個具有歷史性意義的日子。這一天，香港特區立法會全票通過《維護國家安全條例》（以下簡稱 "香港國安條例"），香港特區在成立 26 年 8 個月 19 天的時候，終於落實了基本法賦予的維護國家安全的憲制責任，用香港特區行政長官李家超的話說是 "光榮完成神聖任務"。這是在以習近平同志為核心的黨中央治港方略引領下取得的重大成果，在 "一國兩制" 實踐歷程中具有重要里程碑意義。香港國安條例順利通過，香港的治理結構得到完善，長治久安和繁榮穩定的法治 "防護牆" 得以加固。保國家安全，就是保 "一國兩制"，就是保香港繁榮穩定，就是保外來投資者的利益，就是保香港的民主自由，就是保香港全體居民的人權和根本福祉。維護國家安全的根基更穩固，香港可以無後顧之憂，全力聚焦發展經濟、改善民生，以高水平安全保障高質量發展，寫好香港由治及興新篇章。

全面準確貫徹 "一國兩制"，是中央治國理政方略的重要組成部分。維護國家主權、安全、發展利益是 "一國兩制" 的最高原則。維護國家安全立法屬於中央事權，中央通過香港基本法第 23 條授權並要求特區自行立法禁止危害國家安全的行為和活動，充分體現了中央對香港的高度信任，盡快完成立法是香港必須履行的憲制責任。但這個責任的履行，由於內外反中亂港勢力長期“污名化”“妖魔化”而遲遲未能完成，成為香港特區維護國家安全的一大漏洞，給香港法治穩定埋下重大隱患。26年多時間裏，違法“佔中”、修例風波接連發生，尤其是修例風波縱暴煽“獨”、“攬炒”橫行，嚴重挑戰“一國兩制”原則底線，嚴重踐踏法治和社會秩序，甚至威脅到香港繁榮穩定、生存發展。

香港進入了制度定型期

香港國安條例全票通過，是全面準確落實“一國兩制”方針的重要成果。中央審時度勢，果斷採取標本兼治舉措，制定實施香港國安法、完善香港特區選舉制度，落實了“愛國者治港”，推動香港實現由亂到治邁向由治及興的重大轉折。面對沉痛深刻的經驗教訓，眼看波詭雲譎的國際局勢，香港社會從來沒有像現在這樣清醒認識到，沒有國家安全，“一國兩制”行穩致遠和香港繁榮穩定都無從談起。香港社會凝聚最廣泛共識，堅定支持立法維護國安港安。正是在中央治港方略引領護航下，香港國安條例順利通過，香港辦成了多年想辦而沒有辦成的事，進入了制度定型期，“一國兩制”行穩致遠有了更堅實的制度保障。

香港國安條例全票通過，困擾香港多年的問題畫上句號，充分凸顯特區政府敢於擔當、善作善成。行政長官和特區政府扛起“第一責任人”的重任，李家超在2023年施政報告中明確提出2024年完成第23條立法。特區政府有條不紊展開嚴謹扎實的準備工作，堅持依法立法、民主立法、科學立法，扎實推進立法工作，認真起草法案文本，積極開展公眾諮詢，舉行近 30 場座談會；條例草案提交立法會審議後，特區政府官員深入細緻回答議員提出的上千條問題，有效回應社會關切、澄清各種誤解，同時認真聽取議員意見，積極研究吸納，充分展現了責任擔當和科學專業的精神。市民說，這樣的管治團隊，抵讚！

彰顯"愛國者治港"新氣象

香港國安條例全票通過，行政立法良性互動，高效高質審議，充分彰顯"愛國者治港"新氣象，也樹立了高質量立法的示範。在審議條例草案過程中，行政立法目標一致、步伐協調，全力以赴履職盡責，議員、官員逐字逐句審議草案條文，嚴格遵循法定程序，過程公開透明、嚴謹有序、高質高效，展現了行政立法機關作為治港愛國者的中堅力量，全力以赴、通力合作履行憲制責任，對國家和香港的責任擔當。正如立法會通過香港國安條例後，行政長官李家超在立法會演講時指出："今日是香港等待了 26 年 8 個月零 19 日的歷史時刻，是特區第六屆政府和第七屆立法會終於共同完成光榮使命的歷史時刻，是香港特區共同譜寫光榮歷史的驕傲時刻"，今年完成立法是"完成了歷史使命，不負中央所託，不負國家信任"。

香港國安條例全票通過，全面有效維護國家安全，香港人權自由、繁榮發展更有保障。香港國安條例與已實施的香港國安法有機銜接，補齊特區維護國家安全制度機制的短板，共同構築起特區維護國家安全的堅實屏障。同時，條例將尊重和保障人權作為重要原則，保護基本法規定的各項權利和自由，《公民權利和政治權利國際公約》《經濟、社會與文化權利的國際公約》適用於特區的有關規定繼續有效。

平衡維護國安與保障自由

香港國安條例對接本港現行法例的概念和立法習慣，罪行定義清晰，罪與非罪界定明確，罰則訂立合理，充分照顧香港實際情況，亦廣泛借鑒其他普通法司法區的國安立法可取之處，達至維護國安和保障自由人權的良好平衡，精準針對危害國家安全的行為，奉公守法的市民無須擔心誤墮法網；條例充分考慮香港國際金融、航運、貿易中心運作和拓展暢通便捷國際聯繫的需要，避免影響正常商業交易和國際交往，保障香港繼續成為"幹事創業的天堂、成就夢想的地方"。

行政長官李家超特別提到，香港國安條例符合"三個原則"、體現"三個目標"、具有四個特點，高度、精準地概括了條例的立法目的和效果，必將對維護國家安全、保持香港繁榮穩定、推動"一國兩制"實踐行穩致遠發揮重要保障作用。中央近期接連推出深化內地與香港金融合作、增加內地赴港澳"個人遊"城市等政策措施，更多挺港惠港政策措施將陸續有來。隨著條例的制定實施，香港發展的安全根基必將進一步築牢，香港由治及興的進程必將進一步加快，香港定能抓住中國式現代化進程中的香港機遇，在服務強國建設、民族復興偉業中實現更好更大的發展。

原載《文匯報》，2024 年 3 月 20 日 A05 版

築牢國家安全根基　開啟由治及興新篇

◎ 紫荊雜誌社評

　　3月19日，香港特區《維護國家安全條例》經立法會三讀後全票通過。這是一次籌備了近27年的歷史性立法，終於補齊香港維護國家安全的缺口，香港基本法真正得以全面準確實施，向包括香港同胞在內的全國人民交出了一份高質量、高分數的答卷。

　　回顧立法全程，這是一次順民心的立法。 從立法諮詢期收穫98.6%的正面意見，到最新民調顯示大多數受訪者認同香港有憲制責任維護國安，不同界別、不同階層、各類團體、各國商會在立法過程中紛紛發聲表示支持，彰顯全港市民團結敦促特區政府立法維護國安。

　　這是一次高質量的立法。 香港國安條例既落實基本法、全國人大決定和香港國安法的要求，又充分參考國際社會尤其是普通法國家的國安法律；其所涉國安問題不僅各國皆有，更直面香港親歷的切膚之痛；所定法條既維護國家主權、安全和發展利益，同時也寬嚴相濟採用更高的人權保護標準，可以說是優於任何普通法地區的相關立法。

　　這是一次高效率的立法。 在完全符合立法程序、嚴格遵守議事規則的基礎上，全體議員加班加點履職盡責，詳盡審議，密集開會講求效率，提問超千條，所提情境題充分反映社會關切。歷史上反對派為反而反、拉布拖延的場景煙消雲散，清朗、高效、專業的議會新風，政府與議會各司其職而又密切配合，樹立了＂一國兩制＂條件下專業高效立法的成功範例。

香港國安條例的順利立法，進一步落實特區維護國家安全的憲制責任，實現了香港同胞的共同願望，在新時代新征程＂一國兩制＂事業發展進程中具有重要里程碑意義。

——**取得了總體國家安全觀指導下的積極成果**。國家主席習近平提出的總體國家安全觀重大戰略思想，為新形勢下維護國家安全確立了重要遵循。香港國安條例履行了香港基本法、全國人大＂5·28＂決定與香港國安法規定的憲制責任，針對香港社會面臨的新形勢和新挑戰，提出了切實可行的解決方案，是在總體國家安全觀指導下，完善香港維護國家安全制度體系的積極成果。

——**築牢了國家安全的堅實防線**。香港國安條例與已實施的香港國安法有機銜接，緊密結合香港實際情況並適當吸收原有法律，完善了特區維護國家安全的法律制度和執行機制，使香港維護國家安全的法律＂渾然一體＂，加強了對國家安全能力的建設，使香港特區能夠全面有效防範、制止和懲治危害國家安全的行為和活動。

——**彰顯了香港特區的法治精神**。香港的高水平法治舉世公認，審慎立法、專業執法、獨立司法，彰顯了香港法治社會的核心價值，此次成功立法離不開香港特區政府與立法機關一貫的專業態度和高水平專業能力。有了香港國安法和香港國安條例，香港的獨特地位和法治優勢更加鞏固，更為香港全面建設亞太區國際法律及爭議解決服務中心打下良好基礎。

——**開啟了香港融入國家聯通世界的嶄新篇章。**完善的國安立法，必然帶來穩定的發展環境。自此，香港可以更好地聚焦發展，在新的起點上更好融入國家發展大局；可以更好地發揮自身一流營商環境優勢，打造全球投資者安居樂業的熱土，以護航香港聯通世界、走向國際，加快實現由治及興。

春風浩盪，氣象一新。隨著國安條例的頒佈實施，"一國兩制"的生命力與制度優勢更加顯現。一個更加穩定，更加繁榮，更加充滿生機與活力的香港，必將呈現在世人面前。香港同胞定能乘勢而上，奮力開闢香港騰飛的美好前景，在強國建設、民族復興偉業中發揮更大作用，不斷譜寫"一國兩制"成功實踐的嶄新篇章！

原載紫荊網，2024 年 3 月 20 日

法治香港　營商佳處

◎ 香港商報評論員　蘇信

　　《維護國家安全條例》於 19 日獲立法會全票通過，23 日將刊憲正式生效。這不僅補上了香港維護國家安全的短板，完成了特區的憲制責任和歷史使命，亦體現了香港特區對法治精神的堅守與捍衛，對國家安全的堅定維護。隨著《維護國家安全條例》的通過及實施，香港進一步築牢了發展的安全根基，更好構建穩定和可靠的營商及生活環境，令投資者對在港投資創業更有信心，有利增強香港的國際形象和吸引力。一個安全穩定的法治香港，前景更勝從前，更是營商佳處，世界各地投資者在港經營，必能大展拳腳，興業創富。

　　安全是發展前提，穩定乃營商之本，投資者"皆為利來"，只要覺得香港是個具確定性和可預期的地方，能夠得到更好的保障，自然願意來港開拓新機遇、尋求新發展。2019 年修例風波期間，香港社會被黑暴分子肆意破壞，法治營商環境嚴重惡化，嚇退不少投資者，正是在香港國安法實施後，消除了社會不穩定因素，迅速扭轉了局面。

　　據政府統計處數字，2023 年母公司在海外或內地的駐港公司數目達 9039 間，恢復至疫情前的高水平。政府各項輸入人才計劃已收到超過 25 萬宗申請，超過 16 萬宗獲批，逾 10 萬人已抵港，遠超每年至少引才 3.5 萬名的目標。內地寧德時代、華為，英企阿斯利康，美國國際物流支付平臺 PayCargo 等大批企業紛紛在港落戶和擴充業務，有力印證維護國安對營商和投資環境的積極作用，香港仍是企業發展業務理想之地，全球商界對香港投資環境信心十足。

香港是法治之區，法律為經濟發展保駕護航。《維護國家安全條例》適用範圍非常明確，只針對危害國家安全的行為和活動，不針對正常商業交易和國際交往，也不針對一般的商業糾紛和刑事案件，有力保障香港居民福祉和權益，切實保護在港外國機構、組織、人員的正當商業行為和國際交往需要。條例與香港國安法相輔相成，有利於發揮特區法律體系的整體制度效能，進一步構建安全、便利、高效的營商環境，增強本地和海外投資者的信心。迪拜酋長侄子近期宣佈攜 5 億美元來港首設海外家族辦公室；23 條立法通過翌日，有 25 家來自美國和內地的企業與港府引進重點企業辦公室簽約，選擇立足香港，開拓亞洲市場，特別是內地，在在顯示投資者用腳投票，為香港經濟及未來發展投下信心票，已頗具說服力。

一些唯恐香港不亂者，對香港完成 23 條立法持續攻擊抹黑，不過是虛偽雙標和粗暴干預，企圖動搖人們的信心，破壞香港經濟發展和社會穩定，但在事實面前，一切詆譭唱衰不攻自破。23 條立法諮詢期間，在港外國商會和跨國企業以不同方式表示理解和支持，且不說其他國家和地區均有制定維護國安的法律，單就香港來說，維護國安的屏障越堅固、越穩定，則香港的營商環境越優良，越是全球企業投資興業的福地，道理再淺顯不過。

在法治的護航下，香港輕裝上陣，相信能夠更好發揮"一國兩制"獨特優勢，不斷提升營商環境的競爭力和吸引力，成為企業投資熱土、資金青睞之地和人才匯聚高地，加快推動香港由治及興。

原載《香港商報》，2024 年 3 月 21 日 A02 版

New Law to Safeguard HK's Future Development

◎ 時事評論員　Dominic Lee

After years of discussions and anticipation, the Hong Kong Legislative Council finally passed the Safeguarding National Security Bill, as mandated by Article 23 of the Basic Law, on Tuesday, marking a pivotal moment in the history of the special administrative region. The new law promises to be an effective tool to prevent and punish acts endangering national security.

For more than three years since the implementation of the National Security Law, Hong Kong has remained calm. However, this outward tranquility does not mean Hong Kong is free from all national security threats. The ongoing case of media tycoon Jimmy Lai Chee-ying is a stark reminder of the underlying risks to national security and the importance of enacting such a piece of legislation as soon as possible. The new legislation will not only help maintain peace and stability in Hong Kong but also promote the city's prosperity.

The legislative process that enabled the passing of the Safeguarding National Security Bill enjoyed robust public support. Throughout the month-long public consultation that began on Jan 30, the government organized close to 30 meetings with representatives from various sectors of society to discuss and clarify the proposed legislation, addressing the concerns raised by the community. Out of 13,147 opinions received by the SAR government, a staggering 98.64 percent were in support of the new law, reflecting a broad consensus on the need for closing the national security loopholes.

Critics have been quick to characterize the LegCo's swift action on Article 23 as hasty. However, such criticism is unwarranted as the legislative work followed all the required procedures, and the deliberations were carried out with due diligence.

More important, when it comes to national security legislation, countries often act with urgency, without delay. For instance, within 21 days of the Sept 11 terrorist attacks in 2001 on the United States, then US Attorney General John Ashcroft presented a draft bill to Congress to strengthen national security. The US security law, spanning 342 pages and including 156 sections, was enacted in just 45 days, without a single public hearing and with the House of Representatives needing only 10 days to deliberate on it. Compared with the process of passing the US security law, Hong Kong's approach to the legislative process was thorough and based on the legal cornerstone of the SAR, the Basic Law.

Safeguarding national security and passing laws based on Article 23 are a constitutional responsibility of the Hong Kong SAR, a responsibility that cannot be shirked. The 2019 violent protests against a proposed extradition bill, which many described as the "Hong Kong version of a color revolution", highlighted the urgent need for such legislation.

The riots and demonstrations not only posed a serious risk to national security but also created immense challenges for Hong Kong residents. The efficient cooperation between the executive and legislative branches of the SAR government helped overcome many obstacles to finalizing the draft bill, turning a new page in Hong Kong's development and fulfilling the aspirations of Hong Kong residents. Gratitude should be expressed to the Security Bureau and the related Bills Committee members for their tireless efforts in this regard.

With the solid legal framework for safeguarding national security in place, the Hong Kong government can now focus on boosting economic growth and improving Hong Kong residents' livelihoods and welfare, which would be a major step toward ensuring the SAR's stability and prosperity. This will further bolster Hong Kong's position as a global financial and logistics hub. Indeed, with the new law, "Asia's World City" is set to shine even brighter.

The passing of the Safeguarding National Security Bill is a testament to Hong Kong's commitment to stability and proof of Hong Kong society's resilience. Despite facing criticism, the SAR has taken a decisive step in a direction that it believes will safeguard its future development. With the whole world watching, Hong Kong is embarking on a path that it hopes will lead to a more secure and prosperous future for its residents.

原載《中國日報》（*China Daily*），2024 年 3 月 22 日

Unveiling Hypocrisy: The Dark Realities of American and British Security Discourse

◎ 時事評論員　Hordei Arista

In the convoluted landscape of global politics, the United States and the United Kingdom often stand as vocal arbiters of justice, quick to point fingers at other nations' "questionable" national security practices. However, beneath this façade lies a glaring hypocrisy, as both nations are ensnared within a web of unethical and controversial practices that belie their purported moral high ground. This doctrine of so-called Western exceptionalism, underpinning the belief in the inherent righteousness of Western actions, is a dangerous fallacy that breeds arrogance, moral relativism and impunity. This article delves into this fallacy, exposing the dark realities of the American and British security discourse.

The United States, to start with, orchestrates a tragic symphony of state-sanctioned wars, ostensibly in the name of safeguarding national security or protecting "freedom", yet heedlessly sacrificing countless civilian lives – a hypocritical and atrocious betrayal of humanity. From the jungles of the Philippines and Vietnam to the deserts of Afghanistan and Iraq, its hands bear the weight of war crimes. A dark prologue unfolds in the Philippines and Korea, where histories are marred by the echoes of American concentration camps and genocidal bombardments. In Vietnam, the toxic substances of Agent Orange enveloped over 4 million lives, amongst them 400,000 deaths directly caused by the lethal chemical weapon. The symphony of destruction continued in the My Lai massacre, where 500 innocent and unarmed civilians fell prey to the madness of warfare. The Christmas bombing of Hanoi conducted by B-52 bombers rained death upon the city, claiming the lives of an estimated 1,600 civilians, their voices silenced by the thunder of explosives.

Afghanistan reverberates with the extrajudicial drone strikes and meaningless civilian casualties, a discordant melody of collateral damage. Iraq's sands are stained with the blood of innocent children and toddlers, tainted by the deceit of non-existent weapons of mass destruction. The Abu Ghraib scandal of Iraq and the Guantanamo Bay detention camp of Cuba reveal a grotesque reality, where the dignity and even lives of prisoners were stripped away illegitimately. These grim facts and statistics paint a harrowing portrait of the human cost of American militarism – a toll measured not just in numbers, but in shattered families and broken spirits left in its wake. In this surreal narrative, despite international outcry and condemnation, the United States marches on, its shadow cast long over the pages of history, all in the name of protecting "freedom" and national security.

Similarly, across the Atlantic, the United Kingdom too has played a role stained by records of war crimes, sometimes even against its own citizens. Operation Demetrius, emblematic of this dark legacy, unfolded in Northern Ireland during the Troubles, a violent manifestation of the deep-rooted political, social, and religious divisions in Northern Ireland. Under the Operation, suspected Irish Republican Army members and sympathizers were arrested and detained without charge or trial, culminating in ubiquitous human rights violations, including widespread torture and government-sanctioned massacres and murders of innocent civilians. On Bloody Sunday, one of the most notorious incidents during the Troubles, saw British soldiers opened fire at 26 civil rights demonstrators, who were protesting against brutal government policies of Operation Demetrius. 13 demonstrators, all unarmed, were killed on the scene.

The United Kingdom's colonial history further reveals instances of brutality veiled under the guise of national security. The Malayan Emergency stands as a stark example, where British forces resorted to harsh tactics such as forced resettlement into "New Villages", extrajudicial killings of unarmed villagers, and aerial bombardment, using nothing short of chemical weapons (which later inspired the Americans in the Vietnam War) against suspected insurgents. The most infamous example during the Emergency was the

Batang Kali massacre, which the press has dubbed "Britain's My Lai". These measures resulted in the displacement of communities, innocent civilian deaths, and widespread of torture and abuse. Episodes like the enduring scars of Operation Demetrius and the Malayan Emergency serve as poignant reminders of the United Kingdom's willingness to compromise principles of justice and even innocent human lives in the pursuit of its security objectives, tarnishing its standing on the global stage and underscoring the hypocrisy of its historical narrative.

In the realm of national security laws and executions, both the United States and the United Kingdom are mired in a labyrinth of clandestine surveillance programs, opaque intelligence operations and draconian counter-terrorism measures under the guise of national security. The revelations brought forth by whistle-blowers such as Edward Snowden have laid bare the extent of the American surveillance apparatus, casting a pall of suspicion over the vaunted principles of liberty and privacy. The overreach of entities like the National Security Agency, operating beyond judicial oversight and constitutional bounds, epitomizes the erosion and outright contempt of civil liberties.

Leveraging its economic and political clout, the United States also has a long history of imposing sanctions way beyond its borders. Through measures such as long-arm jurisdiction and extraterritorial application of its laws, the

United States imposes penalties on foreign entities and individuals, all for the purpose of furthering its economic gains and national security prerogatives. This practice, often criticized as a form of economic imperialism, highlights the flagrant hypocrisy of a nation that purports to champion individual liberties and freedoms while simultaneously infringing upon the sovereignty of other nations.

In the United Kingdom, the Investigatory Powers Act of 2016, colloquially known as the "Snooper's Charter", grants unprecedented powers to intelligence agencies, enabling mass surveillance with minimal judicial scrutiny. Adding to this already concerning landscape, Westminster passed the National Security Act 2023, further exacerbating concerns regarding civil liberties and governmental overreach. The Act, touted as a necessary measure to combat emerging threats, is in fact filled with vague terminologies and instigation of xenophobia, and grants sweeping powers to security agencies, especially against so-called hostile state activities, allowing for increased surveillance, expanded data collection, enhanced police powers and executive authority, all the while weakening the right to counsel and the principle of the equal adversary. Critics argue that this Act, while ostensibly aimed at protecting the populace from external forces, puts a Sword of Damocles over fundamental freedoms and civil liberties, potentially paving the way for unchecked government intrusion into the lives of citizens.

I should perhaps stop here, as it would take more than a Ph.D. dissertation to list all of the crimes and transgressions the two countries have committed in the name of national security. The United States and the United Kingdom, with their savage "wars for democracy and freedom", unscrupulous civil liberties records and labyrinthine national security apparatuses, stand on the precarious ground when leveling accusations against other nations. The weaponization of national security rhetoric to justify military interventions and long-arm sanctions, as well as the lack of accountability of past atrocities, only exacerbate global tensions and perpetuate a vicious cycle of violence and mistrust. The double standards employed in condemning perceived external national security threats, while conveniently ignoring their own violations of international law and basic human morality, render constructive dialogue and cooperation on the international stage all but impossible. It is high time for the United States and the United Kingdom, and a few other Western countries that would like to follow their sanctimonious path, to adopt a more humble and introspective approach, and to focus on their own illegitimate and unethical practices at home and around the world. Until they do so, their accusations against other nations will ring hollow, and their claims to moral superiority will remain utterly unconvincing and supremely ironic.

原載點新聞（DotDotNews），2024 年 3 月 25 日

憲制責任　玉汝於成

答《紫荊》雜誌記者：這是一個光榮的歷史任務

◎ 梁君彥（立法會主席）

3月19日，香港立法會三讀通過《維護國家安全條例》，立法會主席梁君彥隨後接受了本刊特約記者專訪，他對條例通過感到光榮和興奮，作為程序把關人，他強調這次立法雖然爭分奪秒但全部符合法例，也是他見過質素最高的審議過程。以下文字根據採訪錄音編輯整理。

對條例通過感到光榮和興奮

過去香港在不同階段出現的各種混亂歷歷在目，在 2019 年，暴徒衝入我們的會議廳，破壞我們的會議廳，幾個月都開不了會。而在今時今日的第七屆立法會上，我作為立法會主席與 80 幾個議員一起審議這條法例，終於完成回歸至今約 27 年來的憲制責任，這是一個光榮的歷史任務，我感到非常興奮。

行政立法關係的最好階段

香港特區政府多次表示，早一天完成立法，就少一天風險。我作為立法會主席，是程序把關人，這次立法審議程序爭分奪秒、但全部符合法例，過程公開公正，議員從不同角度提問，提出不同情境，也關注人權、司法保障問題。議員有好的建議，政府就會接納。這是我見過的最高質素的審議過程。政府能夠有問必答，有答必快必準。如果當時沒有回答的，第二天就有答案。政府也會馬上接納議員建議。這是行政立法關係的最好階段。從首讀到 3 月 19 日雖然只有短短 11 天，但整個過程的質素是前所未有的高。

聚焦經濟發展但不能掉以輕心

這個法例只是鎖好窗、關好門，香港並不是各方面馬上變好，但市民可以安心地生活，社會各界可以聚焦發展經濟、改善民生。

在複雜的地緣政治形勢下，敵對勢力會不斷試圖挑戰，有很多對中國不滿的國家嘗試利用香港衝擊國家，我們不可掉以輕心，對香港來說，最重要的是要守好國家的防線。

原載《紫荊》雜誌，2024 年 4 月號

《維護國家安全條例》後續解惑不能停

◎ 葉劉淑儀（行政會議召集人、立法會議員、新民黨主席）

2024 年的第一季，香港特區成功完成了一件特別有意義的事。《維護國家安全條例草案》於 3 月 19 日在立法會順利三讀，並全票通過；《維護國家安全條例》隨即在 23 日這"吉日"刊憲，正式成為香港的法例。

兩度以不同身份參與第 23 條立法

終於來到這歷史時刻，我個人特別激動，皆因我是全體立法會議員當中，唯一一人有幸兩次以不同身份參與 23 條的立法工作。2003 年，我是保安局局長，可惜當年功虧一簣，我感到十分遺憾。國家多等了二十多年，香港也經歷了不少風浪；好不容易來到 2024 年，很欣慰今屆特區政府有魄力，上下一心推動立法，而我也從保安局局長搖身成為立法會議員，並且加入了法案委員會，以不同的身份達成歷史任務。

回看 2003 年的推動過程，諮詢管理不完善，我作為保安局局長，滿腹誠意地出席了大量論壇及解說會，非常認真地聽取各方意見，奈何卻遭反對組織及人士惡意抹黑，條例也被妖魔化，加上傳媒放大爭議，導致諮詢期越長，反對聲音越大，最後有人倒戈，特區政府無功而返。如今社會環境大不同，2019 年黑暴讓市民明白維護國家安全的重要性，香港國安法為 23 條立法締造了利好環境。

立法高效率高質量

回顧整個立法過程的幾個里程碑，特區政府首先在 1 月 30 日上午宣佈展開公眾諮詢，隨即在下午的立法會兩個事務委員會聯席會議介紹諮詢文件內容。到 2 月 28 日公眾諮詢期結束，特區政府翌日（29 日）立即公佈共收到萬多份意見書，當中有 98% 支持立法，反映社會已達共識。特區政府相關官員的高效工作，值得一讚。

當日諮詢文件開宗明義，清晰指出，立法是為了"全方位應對香港特別行政區現在和未來可能出現的國家安全風險，以及全面落實基本法第 23 條、全國人大'5·28 決定'及香港國安法所規定的憲制責任及義務"。

在"一國兩制"框架下，香港與內地實施不同的法制，基本法讓香港能夠自行立法。因此，條例乃根據普通法原則寫成，條文對相關罪行定義清晰明確，及強調必須有"犯罪意圖"或"魯莽行事"才構成罪行，條例也確保嫌疑人的法律權利得以保障。

此外，香港國安法的大原則及很多條文均適用於條例，使兩套法律歸一結合。例如香港國安法第 41 條列明"香港特別行政區管轄危害國家安全犯罪案件的立案偵查、檢控、審判和刑罰的執行等訴訟程序事宜，適用本法和香港特別行政區本地法律"、"未經律政司長書面同意，任何人不得就危害國家安全犯罪案件提出檢控"；第 42 條則列明"對犯罪嫌疑人、被告人，除非法官有充足理由相信其不會繼續實施危害國家安全行為的，不得准予保釋"；第 47 條則列明要由行政長官發出證明書，以認定法院審理的案件是否涉及國家安全等等。

條例草案於 3 月 8 日提交立法會首讀及二讀，草案委員會由 3 月 8 日下午起連續召開 7 天（8 日至 14 日）全日、共 42 小時 14 分鐘會議，進行逐條審議的工作，加上審議政策的聯合會議，合共 50 小時。我和各位議員均嚴格審議條例，反映社會各界的意見，獲得保安局及律政司官員認真回答，討論過程非常理性，昔日"拉布"甚至衝突的場面再不復見。

接納 91 項議員修訂

最後，議員共提出逾千條問題，很高興特區政府接納了當中 91 項修訂，包括由我最先在立法會行政長官答問大會提出，行政長官可會同行政會議訂立附屬法例。我是有見英國在去年 7 月通過了非常全面的國家安全法，當中包括 18 個附表即附屬法例；我認為香港可以參考這做法，以附屬法例的方式訂定實務守則，例如怎樣調查、如何搜證、怎樣保護因執行國安職務而受恐嚇的人員等等。其實香港法例本身也有很多附屬法例，例如在抗疫期間人人耳熟能詳的香港法例第 599 章《預防及控制疾病條例》，便是以"先訂立、後審議"的附屬法例，處理口罩令、安心出行、是否禁堂食等措施。

從 1 月 30 日開始諮詢到 3 月 23 日條例刊憲，今次立法全過程只用了 54 天，如此高效率，我認為是體現了在"一國兩制"框架、"愛國者治港"的原則下，香港特別行政區在行政、立法兩方面的高質量有機結合，也展示了議會應有的高水平。

繼續解惑是重中之重

近年，我們經常強調香港身處世界百年未見的大變局之中，地緣政治挑戰嚴峻，美西方常常以人權自由衛士自居，企圖藉着"香港牌"打壓中國。這次香港成功立法，美英等國家發攻擊聲明，各種不實指控紛至，是預料中事。特區政府當然要有理有節地反駁，但我認為更重要的，是夏寶龍主任強調的解惑。

解惑對象不單止香港市民，還有外商、外媒、外國組織以至外國政府；特區政府要清晰解說各項罪類內容，讓他們明白，維護國安條例不會損害香港的營商環境，不會對旅遊、經商或在港生活有影響，人們不會因為發表意見便墮入法網。舉例說，到目前為止並沒有任何外商因香港國安法而遭檢控。其實我接觸很多外商均表示非常喜歡香港，因為香港出入方便，氣候宜人又有活力，港人友善大方，經濟好有錢賺他們便會留下來。

香港踏上"零起點"

除了特區政府主責官員，政黨和立法會議員也要積極擔當向外解惑的工作，我本人最近便接受了不少國際傳媒的訪問，新民黨也舉辦解說會，向黨友及不同界別組織解說《維護國家安全條例》。此外，今年是國家主席習近平提出"總體國家安全觀"的十週年，4 月舉辦的"全民國家安全教育日"標誌香港特別行政區重新立於夏寶龍主任所說的"零起點"，以煥然一新的姿態，告訴全世界，香港將會更穩定、更和諧、更有活力。

原載《大公報》，2024 年 3 月 29 日 A12 版

國安條例全票通過　展現愛國者治港新面貌

◎ 譚耀宗（全國港澳研究會副會長、香港再出發大聯盟秘書長）

　　3 月 19 日，立法會全票通過《維護國家安全條例》（以下簡稱 "條例"），相信這對香港以及香港市民而言都是值得銘記的歷史時刻。回歸以來，香港因為種種原因遲遲未能履行基本法第 23 條規定的憲制責任立法維護國家安全。如今我們終於完成了立法工作，為 "一國兩制" 行穩致遠以及香港的繁榮發展打下了堅實的基礎。我自 1985 年就加入了基本法起草委員會，並且擔任了近 30 年的香港立法會議員，同時也參與了香港國安法以及完善選舉制度的相關工作。這些經歷讓我深刻體會到今天條例能成功立法實屬不易，也讓我非常激動，我想就條例的通過談談幾點感受。

一、中央果斷出手，為條例的出臺創造了有利的政策環境

　　"一國兩制" 是我國的一項制度創舉，基本法最大的意義就是用法律的形式將這個創舉固定下來，變成一種機制，保障了 "一國兩制" 的實施。然而，國際關係紛繁複雜，西方反華勢力始終企圖遏止中國崛起，因此香港特殊的地位以及維護國家安全體系的缺失，就成為了他們的突破口。回歸以來的多場政治風波，例如 2003 年的反對 23 條立法、

2012 年的"反國教"風波、2014 年的非法"佔中"以及 2019 年的修例風波等，都在不斷提醒我們，"顏色革命"離我們並不遙遠，香港特區需要盡快完善維護國家安全體系。

我們必須承認，在過去面對這些風波時，香港社會很少從國家安全的角度去認識問題，從而導致了反中亂港分子不斷挑戰憲法和基本法的權威，妄圖通過選舉控制立法會、區議會等平臺，奪取香港特別行政區的管治權，利用有關公職人員身份，肆無忌憚挑戰"一國兩制"原則底線，進行危害國家安全、損害香港繁榮穩定的各種活動。

修例風波嚴重踐踏香港的法治、破壞香港的經濟和民生，"一國兩制"一度面臨著回歸以來最嚴峻的情況。2020 年，中央果斷出手，出臺了香港國安法，完善了香港維護國家安全體系，讓特區自行立法維護國家安全有了更堅實的依據。2021 年，全國人大出臺了《全國人民代表大會關於完善香港特別行政區選舉制度的決定》，全面落實"愛國者治港"原則，為《維護國家安全條例》的制訂和通過提供了有利的政策環境。這也再次證明了，無論什麼時候，國家都是香港堅強的後盾。

二、團結一致，眾志成城，條例的通過展現了愛國者的新面貌

本次在審議條例草案的過程中，無論是立法會議員，還是特區政府官員，都展現出萬眾一心、團結一致為香港的"愛國者治港"新氣象、新風貌。特區政府在公眾諮詢期間，組織了超過 30 場諮詢會，廣泛聽取意見，包括本地和外國商界、外國商會代表等，並且進入社區，用市民聽得懂的語言耐心向市民解釋，消除市民的疑慮，力求市民聽得懂、能理解、支持立法。在政府的不懈努力下，共收到 13489 份意見書，其中對立法表示支持的佔 98.58%。

立法會議員亦竭盡全力。立法會經過首讀、法案委員會審議、二讀辯論以及三讀，一共舉行 25 次法案委員會會議，議員們用了 44 小時認真審議草案每一條法律條文，共提出超過 1000 條問題，力求兼顧國家安全以及市民的權利，並要與相關法律順暢銜接。

在審議草案期間，西方反華勢力沒有停止對立法的抹黑和攻擊，甚至美國國會還提出要加強 "制裁" 香港特區官員，提高對香港的旅遊警示等，意圖通過威脅參與制定以及審議草案的相關人士，阻撓條例的通過。然而，行政長官、一眾特區官員以及立法會議員們無畏無懼，彰顯了新時代下愛國者 "有擔當、肯作為" 的面貌，相信香港在他們的帶領下，必將政通人和，充滿活力，邁向美好的明天！

三、香港輕裝上陣，在完善的國家安全體系的護航下，邁向高質量發展

隨著《維護國家安全條例》通過並於週六刊憲生效後，香港將能輕裝上陣，全力拼經濟、積極惠民生。香港作為國際金融中心，完善的國家安全體系保障了社會的穩定，這為來自世界的投資者提供了更加有潛力的投資環境，香港將以更安全、更開放、更互惠互利的環境，歡迎來自世界的投資者。

同時，香港的國際金融、航運、貿易中心地位將進一步鞏固，世界一流的法治和營商環境將不斷提升，香港將更好地成為中國與世界交往合作的重要橋樑紐帶，助力中國式現代化以及國家的高質量發展。

結語

前路漫漫，路阻且長，新的起點，新的征程，希望香港能以嶄新的形象，奮進的姿態，更好的作為，邁向美好的明天，為中華民族的偉大復興貢獻力量！

原載《大公報》，2024 年 3 月 21 日 A10 版

築牢國家安全屏障　寫好由治及興新篇章

◎ 李慧琼（全國人大常委、立法會議員）

　　立法會日前以全票通過《維護國家安全條例》，標誌著香港特區終於完成為基本法第 23 條立法的重大憲制責任，更標誌著香港全面構築起"一國兩制"下維護安全穩定、促進良政善治的制度體系。筆者對能夠參與這一重要立法，履行基本法賦予的憲制責任，深感光榮。

　　有關 23 條立法的討論在香港回歸後一直是社會焦點，經歷 2019 年的社會暴亂，市民親身感受到國安法律缺失的嚴重後果，深刻認識到沒有國安，就不會有穩定的環境去拚經濟，謀發展，故普遍認同須盡快填補國家安全的法律漏洞。尤其面對地緣政治升溫、國際形勢險惡，香港作為國際城市，是國家最開放的自由港，交通便利、出入境寬鬆，容易被別有用心的力量利用作為破壞國家安全的切入點，所以維護國安立法是必須做、盡快做。

彰顯新氣象新風貌新作為

　　環顧世界，維護國家安全是每一個國家的權利和義務，而制定維護國家安全法律，亦是國際慣例。多個國家近年亦因應社會秩序或公共安全危機，紛紛通過修訂法例，以更大力度應對內外威脅，打擊和懲罰相關的犯罪行為，保護公民的安全和利益。所以，香港作為中國的一部分，參考其他司法管轄區的同類法律，維護國家安全立法，建立全方位的"安全網"，以進一步減低香港的國安風險，完全合情、合理、合法。

今次《維護國家安全條例》的立法過程十分緊湊。行政長官李家超在去年施政報告提出今年內完成立法，隨即扎實推進相關工作，包括積極開展公眾諮詢，舉行近 30 場座談會。當條例草案提交立法會後，法案委員會連續 7 天召開共 22 節會議，嚴肅審議法案，就關心的議題和疑慮提出逾千條問題，涵蓋國家秘密、境外干預、煽動意圖、潛逃者定義等，亦提供了不少優化意見。而政府官員亦清晰回答議員問題，吸納不少議員意見，整個過程公開透明、高質高效。

從特區政府提交《維護國家安全條例草案》，到法案委員會逐條審議，再到政府提出修正案後獲得立法會全票支持通過，充分體現了在"愛國者治港"的新形勢下，行政立法目標一致、步伐協調，各展所長，通過良性互動，釋除各界疑慮，彰顯出香港的新氣象、新風貌、新作為。

各界合力做好國安教育

香港特區不負中央所託，完成了維護國安立法，迎來了新的歷史起點。然而，做好國安教育的工作任重道遠，特區政府、立法會以至社會各界必須承擔起重要使命，各司其職，積極參與宣講工作，向香港及國際社會傳遞正確的理解，為維護國家安全作出應有的貢獻。

在築牢國家安全的法律屏障後，香港可以免除後顧之憂，社會各界將團結一致，集中精力、資源及時間發展經濟，更好地融入國家發展大局，特別是積極參與大灣區建設，為國家發展作出貢獻！

　　筆者深信在國家的強大後盾下，香港未來必定能夠繼續發揮背靠祖國、聯通世界的優勢，團結向前，不斷鞏固國際大都會的地位，謀發展、拚經濟、惠民生，寫好香港由治及興新篇章。

原載《大公報》，2024 年 3 月 22 日 A14 版

高水平安全保障　香港前景更光明

◎ 梁美芬（全國人大常委會香港基本法委員會委員、立法會議員）

近年來，隨著國際形勢急劇演變，科技高速發展，世界各國包括英美等普通法國家紛紛制訂及更新有關國家安全的法律。若說 2003 年香港市民因為對國家安全概念陌生，又有反中亂港勢力的攻擊抹黑，令基本法第 23 條立法不成功。如今，香港社會已形成共識，支持盡快立法維護國家安全。昨日《維護國家安全條例》在立法會全票通過，代表香港終於履行了這個重大憲制責任，讓香港可以無後顧之憂，輕裝上陣，全力聚焦發展經濟、改善民生，共同創造一個更繁盛、更美好的家園。

第一，基本法第 23 條的初心

當年討論基本法第 23 條的時候，一直都存在兩種意見：一就是直接將內地有關國家安全全國性的法律透過附件三適用香港；另外一種意見就是希望能夠保存香港普通法的特色，經過香港人熟悉的立法會審議程序制定通過，成為香港當地法例的一部分，由法院以普通法原則去審理。按常理，任何一個國家都不可能讓其地方政府自行制定國家安全法律，23 條本身已顯示了中央對香港特區的高度信任，以及中央維護"一國兩制"及香港普通法制度的決心。《維護國家安全條例》正式生效後，將在香港法院以普通法原則審理，適用無罪推斷、要求定罪須百分百毫無疑點，在平衡公眾利益與個人權利上，適用《公民權利和政治權利國際公約》（以下簡稱“公約”）等原則，案件審理均採用極高國際標準。

第二，《維護國家安全條例》符合國際人權標準

基本法和《香港人權法案條例》清楚列明保障香港市民言論自由、和平集會、遊行和示威自由，及《公約》的適用。《公約》第19（1）條訂明公民言論自由等權利，同時在19（3）條訂明此等權利並不是絕對的，就保護國家安全、公共秩序、公共衛生及道德，政府可以制定法例作出必要限制。顯而易見，國際法清晰訂明權利和自由必須規定在合法的邊界裏。普通法亦有無數的案例，說明任何人行使憲法權利時，包括言論自由、出版自由、集會自由等都不是絕對的。

第三，《維護國家安全條例》是保障市民生命財產的好法律

經歷過2019年黑暴的香港市民，已清楚認識若香港沒有完善維護國安的法例，市民上班、做生意、上學、生命安全都會受威脅。因此，立法維護國家安全，本身就是為了保護公眾利益。

法案委員會用了差不多50個小時逐條審議政府提交的草案，委員及政府代表均盡職盡責。政府接受了很多由委員提出的意見，高效精準地提出91項修正案，包括更精準地將第六部標題“境外干預及從事危害國家安全的組織”修訂為“危害國家安全活動的境外干預罪”，令整

個條文不會被別有用心的人無限放大為打擊所有境外組織。

又例如條例第一部的"域外法律效力"。筆者支持條例有"域外效力",同時給予政府意見認為此條要非常精準範圍,不要給別有用心人士無限扭曲。最後條例文本第 55 條精準規定,"域外效力"只適用屬於中國公民的特區居民及在特區成立的法人團體,我認為這範圍合理合適。

此外,筆者認為,條例在第 2 條專門提到要適用《公民權利和政治權利國際公約》的原則,表明香港對國際法及人權的重視。可以肯定地說,政府基本上參考其他普通法國家和地區的做法,在經過多項修正案之後,《維護國家安全條例》絕對符合國際標準,充分保障"一國兩制"與人權法治,是一部高水平的好法律。

第四,立法發揮預防同教育作用

那些抹黑維護國安立法的人在批評香港前,最好先看看其他國家的國家安全法。例如,新加坡在 2021 年通過《防止外來干預法》,英國 2022 年實施《國家安全和投資法案》,還有美國在 2001 年實施的《愛國者法》等,都比《維護國家安全條例》嚴厲得多。其實讀過法律的人都知道,法律邊界越清晰,越能發揮預防及教育作用,對全社會都有好處。此外,大家必須意識到科技發展一日千里,來到 2024 年,香港面對的國家安全威脅與 1990 年基本法通過的時候,以及 2003 年時都不能同日而語,維護國安立法必須與時並進,有效防範各種突如其來的新威脅。

第五，既是憲制責任，也是歷史光榮任務

今天，香港終於可以通過《維護國家安全條例》，完成 23 條立法這個光榮的歷史任務和憲制責任。我們不僅要立法，還要充滿自信地向國際社會宣告這是一次高水平的立法，是完全符合基本法、普通法、國際法及國際標準，是真正保護市民生命財產的好法律，將會更好保護香港的營商環境及國際投資，應該得到國際社會的尊重與支持。

今年是中華人民共和國成立 75 週年和香港回歸祖國 27 週年，我為第七屆立法會能在此時完成這重大歷史任務感到光榮！

香港日後一定更能發揮“一國兩制”優勢，全心全意協助國家開拓國際舞臺，積極融入粵港澳大灣區發展，開拓“一帶一路”新市場，與全國人民一起共創未來百年的中國夢。

原載《大公報》，2024 年 3 月 20 日 A14 版

完成立法邁入新階段　用好優勢全力謀發展

◎ 陳克勤（立法會議員、民建聯主席）

　　《維護國家安全條例》的立法工作在行政立法的共同推進下，高效率、高質量圓滿完成。整個立法過程亦充分體現全面落實"愛國者治港"原則後，香港治理水平有所提升，邁上新臺階。隨著條例於上周六刊憲生效，香港特區履行了基本法規定自行立法維護國家安全的憲制責任，香港亦能輕裝上陣，全力聚焦經濟發展，銳意改善民生愁盼。同時，有效維護國家安全，亦將令香港的獨特優勢有進一步的發揮空間。

　　此次立法工作展開前，香港社會曾出現一系列討論。有聲音指香港出現所謂"國安泛化"情況，其理由是立法淡化了香港經濟城市的本色，從而導致經濟復甦受到阻礙，云云。在香港經濟受外圍因素影響，股票、私樓市場表現疲弱的情況下，這些論調在社會引起關注。但仔細思考這些論調的邏輯，似乎仍將"一國"與"兩制"當成此消彼長的對立關係，完全是錯誤的。

補上"短板"鞏固提升優勢

　　回歸以來，香港一直保持國際金融、貿易、航運等多個中心地位，成為國家"雙循環"新發展格局的關鍵節點，關鍵在於"一國兩制"的制度設計。香港的眾多獨特優勢，都是源於中央根據憲法設立香港特別行政區，並透過制定基本法以法律形式訂明"一國兩制"、"港人治港"、高度自治的方針，保持原有的資本主義制度和生活方式不變。故此，香港特區必須全面準確貫徹"一國兩制"，而維護國家主權、安全、發展利益是"一國兩制"方針的最高原則，對於香港長久保持自身優勢和國際地位，有著重要作用。維護國安立法是基本法、全國人大"5·28"決定以及香港國安法規定的憲制責任和要求，是香港特區必須完成的重要工作。可以說，維護好"一國"，便是在拓寬"兩制"；捍衛好"一國"的全面管治權，才是保障"兩制"的高度自治權。

另一方面，美西方將中國視為最重要對手，不斷向中國極限施壓。西方政客企圖透過抹黑和攻擊將香港"去功能化"，從而達至遏制中國發展的目的。不論是立法期間還是條例刊憲生效後，美英政客都不斷發表偏頗言論，抹黑維護國安立法影響香港自由云云，意圖進一步損害香港的國際形象。

從更宏觀的視角來看，美國國務卿布林肯早前的一番"菜單論"便是"美式威嚇"的最明顯例子。他聲稱，"在國際體系中，如果你不坐在餐桌上，你就會出現在菜單上。"這些危言聳聽的言論，讓國家與香港不得不用底線思維來審視國家面臨的安全風險。試想香港的國家安全漏洞一旦被利用，隨時可能成為美國"餐桌上的美味佳餚"，香港的繁榮與發展便無從談起。故此，維護國家安全是香港必須完成的工作，更是需要長期恆常化的工作。有了健全法律制度與執行機制，香港更要用好手中的"防具"，持之以恆守護香江。

從商業的角度而言，任何地方的企業、商人都有著很強的避險偏好，畢竟不確定性與不穩定性，意味著投資的高風險。《維護國家安全條例》可以有效防範不穩定情況的出現，防止香港成為地緣政治衝突的焦點。此舉可進一步保障香港長期穩定，維持良好的營商環境，確保來自世界任何地方的人才、資金，在香港可以"來去自由"，不會陷入"選邊站"的困境。這對於香港進一步加強與中東、東盟地區國家的經貿往來，有著重要的戰略意義。

由治及興獲源源不斷動力

結合對"一國兩制"的正確認識，《維護國家安全條例》的制定和刊憲實施，對香港進一步發揮"背靠祖國，聯通世界"的獨特優勢也有積極意義。中央一直將香港視為"掌上明珠"，一直堅定支持香港發展。隨著維護國家安全的重要工作得以完成，中央對香港會更加放心，更有信心。圍繞粵港澳大灣區建設、高質量共建"一帶一路"等國家戰略，相信國家會進一步制定助力香港發展的政策措施，為香港下一步實現由治及興注入源源不斷的動力。這對於有意透過香港進入廣闊內地市場的外資和外企而言，無疑也是利好消息，會為他們加大在香港的投入提供積極誘因。

民建聯對於維護國家安全立法的態度一直堅定，就是"必須立，盡快立"，只有築牢維護國家安全的機制和措施，才能有效防範反中亂港分子所策劃的煽動行為，防止香港發展陷入停滯。筆者堅定相信有安全才有發展，《維護國家安全條例》會為香港實現由治及興奠定堅實基礎，使得社會各界就發展經濟、改善民生形成更大的合力，加快由治及興的進程，為香港發展書寫新的篇章。

原載《大公報》，2024 年 3 月 27 日 A10 版

擊破反華勢力的對港 "認知戰"

◎ 吳秋北（全國人大代表、立法會議員、工聯會會長）

　　香港已經完成基本法第 23 條立法。在這前後，美西方反華勢力操作連連，對 23 條立法加以抹黑，還不斷藉各種機會唱衰香港。猶記得 2019 年 "修例風波" 期間，這類造謠、抹黑和唱衰論調也曾頻繁出現。然而真金不怕火煉，到了今天，全球大多數民眾對香港的未來依然信心滿滿。特區政府去年 12 月公佈的調查顯示，2023 年母公司在海外及內地的駐港公司數目達 9039 家，恢復至疫情前的高水平；初創企業更由 272 家增加至 4257 家，創歷史新高。這些數據無疑是對外界抹黑的有力回擊，充分證明了香港的投資吸引力依然。

　　反華勢力對香港的 "認知作戰"，其實都是類似套路，主要有三種論調。首先是 "取代論"，聲稱香港會被某某地方取代。這些地方，可以是香港的主要 "競爭對手" 新加坡，也可以是其他中國城市，比如澳門、深圳或者上海。事實上，香港與新加坡是良性競爭，跟其他中國城市也是互相補足，合作多於競爭。香港是無可取代的，關鍵還是在於香港自身要爭氣，把握國家發展機遇，做好 "超級連絡人" 的角色。"十四五" 規劃確立了香港 "八大中心" 的定位，其中既有四個傳統中心，即國際金融中心、國際航運中心、國際貿易中心、亞太區國際法律及解決爭議服務中心，也包括四個新興中心，即國際航空樞紐中心、國際創新科技中心、區域知識產權貿易中心、中外文化藝術交流中心。香港背靠祖國，聯通世界，這個獨特地位、角色和使命，獲得中央全力支持，壓根不存在"取代"一說。

第二種論調，是說香港"內地化"。類似論述，也並不新鮮。美國國務院 2020 年便在社交媒體發文，表示要把香港與中國其他城市"一視同仁"，香港不再享有特殊待遇。事實上，變的不是香港，而是在地緣政治激烈博弈和中美關係緊張局勢升溫的大背景下，反華勢力更著力利用香港來試圖壓制中國的崛起。顯然，這些"攻勢"並未奏效，香港的獨特性和優勢依然。香港的國際金融中心地位、自由開放規範的營商環境、暢通便捷的國際聯繫等，並沒有受到影響。國際貨幣基金組織發佈的評估報告，持續肯定香港作為主要國際金融中心的地位。菲沙研究所發佈的《世界經濟自由度 2023 年度報告》，香港繼續位居前列，排名全球第二。諸如這些足以說明，關於香港"內地化"的論調不攻自破。

第三種論調更為誇張，說香港"玩完啦"，甚至是"國際金融中心遺址""國際航運中心遺址"，試圖製造香港風光不再的假象。事實上，香港不單現在仍是世界主要國際金融中心、航運中心、貿易中心等，其他行業發展前景也是一片光明。中央港澳工作辦公室主任、國務院港澳事務辦公室主任夏寶龍，今年 2 月下旬來港考察。他用事實和數據證明香港強勁的核心競爭力及走向更好明天的實力和能力，指出香港的發展前景不是誰想"唱衰"就"唱衰"得到的。香港背靠祖國，既有中央全力支持，也有包括地理優越、政策便利營商、簡單稅制和低稅率、健全的司法制度和金融體系、自由兌換貨幣、貨幣穩定、零關稅的自由貿易港等大量獨特優勢，前景美好，毋庸置疑。種種刻意為之的視而不見和抹黑攻擊，除了居心叵測，找不到其他解釋。

以上種種論調，目的只有一個，就是試圖打擊香港對自身發展的信心，打擊全球投資者和人才對香港的信心。所以，我們必須對"一國兩制"下的香港有更正確的認知，把準方向，堅定自信。現在的香港正處於"修例風波"、疫後的復甦期，全球經濟發展整體不景氣，俄烏衝突、巴以衝突等持續延宕，各地經濟發展均受壓。世界其他經濟體也有類似情況，新加坡 2023 年的經濟增長只有 1.1%，而香港去年的 GDP 增速為 3.2%。同樣面對複雜的外部環境因素，香港的經濟表現略勝一籌，不正是"一國兩制"獨特優勢的體現嗎？

美西方反華勢力先炮製"中國崩潰論"未遂，又拋出"香港崩潰論"，都是一樣的伎倆，都注定只是美西方勢力自欺欺人的小丑劇本。所有抹黑只會自黑；所有"玩完論"只會自取滅亡；所有"崩潰論"只會自我崩潰；所有"做空"香港，只會自空；所有"去香港中心"的，都只會將自己邊緣化；所有攻擊香港的，只會搬起石頭砸自己的腳。

原載《環球時報》，2024 年 3 月 21 日

守護香港安寧　推動商業繁榮

◎ 邵家輝（全國政協委員、立法會議員、自由黨主席）

　　香港特區立法會日前全票通過《維護國家安全條例》，條例經特首簽署後已正式生效實施，標誌著延宕了近 27 年的維護國家安全立法工作順利完成，具有里程碑意義，為香港長治久安、"一國兩制"行穩致遠築起了新的法治長城。今次立法過程獲得香港絕大多數民意支持，足以體現香港人心思定、專注發展。立法可以消除過去因國家安全風險而導致社會不穩的投資顧慮。投資者和企業家們現在可以更加放心地在香港開展業務，因為他們知道香港有一個堅實、可靠的法治基礎保障社會穩定和他們的權益。這種信心的增強將推動商業活動的繁榮，進而帶動整個經濟的增長。

　　今次立法由諮詢到通過，有三個數字讓我們看到，香港當前絕大多數市民都希望社會聚焦發展經濟和改善民生。第一個數字是特區政府年初展開的公眾諮詢，其間一共收到 13147 份意見，有 12969 份支持及提出正面意見，支持立法意見書比例高達 98.6%，反對的建議只佔總數 0.71%。在《維護國家安全條例》進入全體大會審議階段，香港研究協會公佈的民調顯示，72% 受訪市民認同香港有憲制責任維護國家安全，另有 67% 市民相信，條例草案獲通過，無損日常生活基本權利。可見香港市民充分認可今次立法。到最後，立法會更以 89 票全票通過香港國安條例。這三個數字集中體現了香港由立法會到民間，社會全面向好、向正、向穩的主流民意。

條例的通過，從制度層面為香港社會的安寧穩定築起堅固的法治屏障。

有利與內地經濟合作

首先，在經濟層面，香港國安條例的通過為香港的經濟發展創造了有利條件。一個穩定的社會環境是經濟發展的基石，而國家安全的維護正是這一基石的重要組成部分。隨著香港國安條例的實施，香港的社會治安將進一步改善，為經濟發展提供了良好的社會環境。此外，法治的完善也將促進市場的公平競爭，激發企業的創新活力，推動經濟的轉型升級。

其次，香港國安條例的通過還將促進香港與內地的經濟合作。隨著國家安全得到更好維護，兩地合作將更加順暢，共同推動區域經濟的繁榮。香港可以充分利用其獨特的國際金融、貿易和航運中心地位，與內地實現優勢互補，共同打造更具競爭力的經濟體系。

再次，從長遠來看，香港國安條例的通過將為香港經濟的可持續發展奠定堅實基礎。一個穩定、法治、繁榮的香港，不僅有利於當前的經濟增長，更為未來的可持續發展提供了有力保障。隨著國家安全的不斷鞏固和法治建設的深入推進，香港將能夠在全球競爭中保持領先地位，實現經濟的長期繁榮。

　　一些美西方政客妄指立法可能趕走外商，對此我們必須予以澄清和反駁。這些言論無疑是對香港的抹黑和誤導。所謂"國安才能家安、家安才能興業"。維護國家安全是吸引外商投資、促進經濟發展的重要前提。一個安全穩定的社會環境，是投資者信心的來源，也是企業發展的基石。相反，社會動盪不安只會讓投資者望而卻步，破壞營商環境。因此，維護國家安全不僅不會破壞營商環境，反而是推動香港經濟持續健康發展的必要條件。

持續加強法治教育

　　香港商界深刻認識到，只有國家安全得到保障，才能穩定投資和營商環境，才能為香港經濟的長遠發展提供有力支撐。因此商界人士在立法過程中紛紛表示支持，這既是對特區政府的信任和支持，也是展現對香港未來發展的堅定信心。

　　此外，我們還需要認識到，維護國家安全不僅是特區政府和立法會的責任，更是每一個香港市民的責任。國家安全與每個人的生活息息相關，關係到我們的人身安全、財產安全，更關係到香港的繁榮穩定。

　　當然，我們也應該看到，立法只是第一步，更重要的是如何有效地執行法律，確保法律的公正性和權威性。特區政府要加強對市民的法治教育，提高市民的法律意識和法治素養。

　　綜上所述，《維護國家安全條例》立法是維護香港安寧穩定的必要舉措，符合香港的根本利益，也順應了市民的期盼。隨著香港國安條例的實施，我們相信香港的經濟將更加光明。

原載《文匯報》，2024 年 3 月 24 日 A13 版

築牢國安防線　專業服務前景更好

◎ 盧偉國（立法會議員、經民聯主席）

　　立法維護國家安全是世界各地慣例，也是香港特區必須履行的憲制責任。特區政府與立法會同心協力，以"早一日得一日"的原則完成了《維護國家安全條例》（以下簡稱"香港國安條例"）的立法程序。香港國安條例有效應對現今及日後可能出現的國家安全風險，填補維護國家安全的法律缺口，有利提升香港營商環境，增強海內外投資者的信心，為香港繁榮穩定提供更有力的制度保障。

　　作為立法會議員，我感到責任重大、使命光榮，能夠參與其中，是很不平凡的經歷。

　　其間，我接觸了多位專業人士和多個專業團體，大家普遍支持立法，他們長期與許多外國專業團體保持交流合作，但並不擔心立法阻礙與外國同業的聯繫，不擔心立法阻礙本港專業界別參與國際專業領域事務、拓寬發展空間。本港專業人士認為，條例清晰說明正常的對外交流不會觸犯法例。事實上，完善的國際網絡是香港獨特優勢之一，立法維護國家安全與正當的國際交流合作，並不矛盾，立法更有利鞏固香港國際化優勢。

　　我也接觸到不少地區街坊。他們經歷過 2019 年的修例風波，大家都明白立法護國安、保法治的必要性和迫切性。全國人大作出"5·28"決定及香港國安法的頒佈實施，令很多街坊享受到恢復法治穩定的好處。

街坊們反映，最近一些涉及危害國家安全的案件，令他們更加認識到維護國家安全刻不容緩，認識到香港潛藏不容低估的國家安全挑戰。特區政府在立法諮詢期收到近 99% 支持立法的意見，反映支持立法有強大民意基礎，維護國家安全是目前香港社會的最大公約數。很多朋友希望盡快立法，只有築牢國安屏障，香港才可專注拚經濟、謀發展、惠民生，令市民安居樂業。

在立法過程中，特區政府和立法會同心同德、高效高質進行審議。官員在立法會積極解說，對於議員提出的修訂建議從善如流，令香港國安條例更精確完善。然而，完成立法並不代表可以安枕無憂，反華勢力仍會伺機而動，包括抹黑攻擊香港完成國安立法。特區政府未來要加強對新法例的宣傳推廣，釋除各界疑慮，有效防範、抵制各種抹黑攻擊。

建立健全香港維護國安的法律制度和執行機制，符合香港的長遠和根本利益，期待特區把握立法後人心思穩定、求發展的契機，更好發揮香港獨特優勢，推動融入國家發展大局，切實化解深層次難題，加速香港由治及興，確保"一國兩制"行穩致遠。

原載《文匯報》，2024 年 3 月 20 日 A18 版

《維護國家安全條例》今刊憲　國安港安家安終落實

◎ 陳勇（港區全國人大代表召集人、立法會議員、民建聯副主席、
　　新社聯會長）

　　行政長官李家超昨日（22日）根據基本法第48條第3款簽署經立
法會通過的《維護國家安全條例》。《條例》於今日（23日）刊憲生效。
至此，香港回歸祖國近27年，完成基本法維護國家安全條例立法工作
是香港特區的憲制責任終於得到落實，能夠親身見證和參與這一歷史時
刻，筆者心情十分激動。

　　習主席的總體國家安全觀和國安思想，指明香港在"一國兩制"下
要長治久安、繁榮穩定的基礎。以史為鑒，自鴉片戰爭到抗日戰爭，國
家安全就是所有人民包括中國香港人民的生命財產安全，國家安全是市
民及其子孫後代安居樂業的前提。只有國家安全，香港才能安全，故此
才能家安、人安。完成基本法維護國家安全條例立法既是有效保障國家
安全，亦是確保"一國兩制"中"一國"的國家安全得到有效保障和"兩
制"的香港特區長期繁榮穩定。

　　基本法維護國家安全條例立法工作，我們已期盼、等待、討論了
超過26年，讓香港的維護國家安全條例成為歷史上、世界上討論期最
長的一個國家安全條例。早一日完成立法，就早一日避免國家安全的風

險，今日，香港在維護國家安全方面的短板已經補齊。行政立法雙方日前就《維護國家安全條例草案》全力推動審議工作，密鑼緊鼓密集開會，體現了行政立法雙方全力推動立法工作的承擔和使命感。條例草案寬嚴適度，可靠保障香港人的自由、權利、財產，在社會穩定的大前提下，有利香港構建安全、便利、高效的營商環境，吸引外商來港投資。

《條例》保障了國家安全和社會安寧，進而確保社會秩序穩定，這是繁榮發展的必然前提。日前，迪拜酋長侄子透露將在香港開設一家管理高達 5 億美元（約 39 億港元）的家族辦公室，正是香港在法治、安全、穩定的大前提下不斷增強競爭力的證明。畢竟，只有廣大市民的生活和權利得到保護，香港才能集中精力拚經濟、惠民生，亦更有利吸引外資來港投資，香港亦融入國家發展大局中實現高質量發展。

不過，美英等西方國家有諸多國家安全的嚴苛法例，卻不斷抹黑攻擊香港就基本法維護國家安全條例立法的相關工作，對此我們仍要防範外部勢力的干預和抹黑，特區政府乃至香港社會各界，都有責任通過宣傳講解，讓公眾更理解個別條文的立法原意及運作，釋除不必要的疑慮，亦要讓公眾更了解維護國家安全的必要性和對保持香港長期繁榮穩定的關鍵性。相信自今日起，香港將更能集中精力發展經濟、改善民生，發揮背靠祖國、聯通世界的獨特優勢，保持長期繁榮穩定的同時，創造光明未來。

原載紫荊網，2024 年 3 月 23 日

答《紫荊》雜誌記者：立法是憲制責任也是道義責任

◎ 廖長江（全國政協常委、立法會法案委員會主席、立法會議員）

　　香港立法會《維護國家安全條例草案》委員會（以下簡稱"法案委員會"）歷經約 40 個小時、馬拉松式加開超過 20 節會議，逐條審議條例草案。如今條例成功通過，法案委員會主席、立法會議員廖長江接受本刊特約記者專訪時心情激動，表示親身參與並見證了這一歷史性時刻，完成了這一歷史性使命，感到光榮。

這是對全國同胞的道義責任

　　"我心情非常激動，也感到非常光榮。"法案委員會主席廖長江面容略帶疲憊，但眼神中難掩興奮，"香港特區拖欠了這麼久的一道必答題，現在終於完成了"。

　　根據香港基本法第 23 條完成本地立法，是香港特區的憲制責任。但廖長江說，這也是對全國 14 億同胞的道義責任。他表示，"香港是中華人民共和國的一部分，國家要安全，不可能放任其中一個地區存在漏洞。我們要對全中國的同胞負責，我們對他們有道義上的責任"。

　　40 個小時逐條審議條例草案內容，從 3 月 8 日到 14 日，每一天都密集式加開會議，每一天的會議時間幾乎都不少於 8 個小時，這是廖長江本人從未經歷過的，審議效率也是香港立法史上所罕見的，"壓力非常之大，這無關任何政治壓力，而是一種時間壓力。因為早一天是一天，我們一定要盡快完成審議工作，盡快填補香港在維護國家安全上的法律漏洞"。

立法之所以如此迫切，廖長江回應說，一方面是國家安全風險無日無之，威脅著香港乃至國家的穩定發展，一切都等不起；而另一方面，立法會 89 名議員眾志成城，法案委員會 15 名委員專業細緻，一切都沒必要再等。

審議程序正當態度嚴謹

加班加點的辛苦審議，卻有人質疑速度太快，認為會導致審議過程變得草率，對此廖長江強調，相關立法程序絕對正當，審議絕對嚴謹。

他舉了兩個例子說明，一是草案的修正案共有 91 項，其中絕大部分是由委員提出；二是每一條文審議的時間都不短。至少有兩個條文的審議時間超過 1 個小時，最長的一條超過 1 小時 20 分鐘，單條審議超過半小時的條文更是多數。廖長江表示，"審議的認真程度可見一斑"。

此外，他指自己作為法案委員會主席，沒有在審議中作出過任何相關裁決，反映委員們在審議中提出的問題都緊扣條例草案，而且言之有物。廖長江相信，在這樣的嚴謹態度下，所訂立的法例也會是管用且合理的，未來一定能有效維護國家安全。

唱衰論經不起事實考驗

即便委員會秉持嚴謹態度完成審議，在條例通過後，還是有一些西方組織及國家發出所謂聲明，試圖唱衰《維護國家安全條例》。廖長江認為，維護國家安全高於一切，在這樣的前提之下，任何抹黑、攻擊和制裁都不足為懼，更不足以影響香港推進立法與實施的腳步和信心。

事實上，《維護國家安全條例》相比多數西方國家的相關法例更為寬鬆，人權和自由也得到充分保障。"全世界都看得到，我們通過的這部條例，是不會比他們自己本土國家的有關維護國家安全的法律更苛刻，而是更寬鬆、更合理。"廖長江舉例說，"我們不會由一個警司就能禁止疑犯與律師會面，而是要先向法庭申請手令，法庭批准之後才能作出相關禁止"。

"全世界的國家和地區，都有自己的國家安全法例。既然自己國家都有這麼苛刻的維護國家安全的法例，為何還來批評我們，阻止我們訂立有關國家安全的法例？天下哪有這樣的道理？"他重申，西方別有用心的"政治掛帥"抹黑經不起事實考驗，《維護國家安全條例》生效後不會影響香港與國際社會的正常往來，更不會影響投資營商的信心。

不排除有訂立附屬法例的需要

超過 26 年的歷史任務終於完成，這是否意味著，香港在維護國家安全上的法律漏洞已完全堵塞？是否意味著已經 "一勞永逸"？

"絕對不是。"廖長江說，外部形勢瞬息萬變，危害國家及香港安全的手段層出不窮，不排除未來有繼續訂立附屬法例的需要。"國家安全風險是變幻莫測的，也是時時存在的。將來會不會有需要，根據條例第 106A 條，由行政長官會同行政會議訂立附屬法例，交由立法會審議呢？我不排除有這個可能性。"

　　廖長江指，國家安全的範疇廣泛，從政治、軍事、國土，到經濟、科技、金融，隨著時代發展，需要應對的風險也可能出現變化，需要隨時增補應對。"將來還需不需要繼續立法，沒有人知道，但暫時來說，本次立法算是告一段落了。"

　　　　　　　　　　　　　　原載《紫荊》雜誌，2024 年 4 月號

築牢堅實國安屏障　攜手共踏新征程

◎ 簡慧敏（立法會議員、中銀香港總法律顧問）

2024 年 3 月 23 日，《維護國家安全條例》（以下簡稱 "條例"）刊憲生效，我非常榮幸能參與維護國安立法這項光榮使命，見證條例在政府和立法會的不懈努力下得以全票通過。這是香港回歸以來又一具有里程碑意義的一天，為香港早日實現由治及興奠定了堅實基礎。

維護國家主權、安全和發展利益，是 "一國兩制" 的最高原則。近年來，美西方試圖透過打 "香港牌" 遏制我國發展，儘管面對外部勢力的干預和破壞，部分港人卻未有喚醒 "國家安全是頭等大事" 的深刻認知，直到 2019 年爆發 "黑暴"，港人的歲月靜好被打破，國家安全隱患被揭開，我們才猛然驚覺：國安風險原來近在咫尺！

於是，在全港市民翹首以盼之際，基本法第 23 條本地立法工作終於被提上了日程。

保障市民切身利益

自行立法維護國家安全是香港特區延宕近 27 年的憲制責任，是港人等了近 27 年的歷史義務，是全國 14 億人民盼了近 27 年的歷史時刻。自立法諮詢工作開始以來，在整整 25 次會議、近 50 小時對諮詢文件和《維護國家安全條例草案》的審議工作中，法案委員會委員都義無反顧地投入，高質高效地履職盡責。全體議員眾志成城地推動立法工作朝著"早一日、得一日"的目標邁進。

在審議的過程中，有幾點令我深受鼓舞、倍感振奮。

議員們竭盡所能，確保條例與《香港國安法》銜接、兼容和互補。條例訂明《香港國安法》第四章的程序適用於條例的危害國家安全罪行；賦權行政機關訂立維護國家安全附屬法例，保障維護國家安全工作的前瞻性和有效性，這是通行的做法；同時也賦權行政長官可在其認為適當的情況下，就國家安全和國家秘密的認定問題，發出證明書。

議員們費盡心力，明確條例符合國際人權公約適用於香港的規定，尊重和保障基本人權自由和法治原則，但這些權利和自由並不是絕對的，尤其是眾多普通法司法管轄區均同樣因維護國家安全所需依法受到必要限制。在對被羈留人士和獲保釋人士作出限制方面，條例清晰訂明行使相關執法權力的條件和限制，以及給予批准的機關和程序，確保有關權力不超過維護國家安全所需。

議員們苦心鑽研，探索條例可如何既借鑒其他普通法國家的立法經驗，又以香港實際情況作為依歸。條例在新增罪行、執法權力、罰則和域外效力等方面借鑒了其他普通法國家的做法，但並不全盤照搬；同時，又致力完善現有危害國家安全的罪行，對不合時宜的表述進行適應化處理。

議員們務實求精，保障香港居民和其他在港人士的根本福祉和合法權益。條例增設"危害國家安全的破壞活動"罪，打擊意圖或罔顧是否會危害國家安全而損壞或削弱公共基礎設施的行為，更好地保障公眾的切身利益。

保護正常商業行為

議員們力求完善，明確特區內的財產和投資受到法律保護。條例清晰界定罪行的意圖和行為，對某些罪行設定了免責辯護和例外情況，明確"境外干預罪"為"危害國家安全的境外干預罪"，再三強調保護在香港的正常商業行為和國際交流需要。

歷經多個"咖啡續航"的日子、"十分鐘內充電"的時光，委員會成員培養出合作默契，技術型和情景型的問題由不同背景的議員負責提出，大大提升審議的效率；連續多個"飯盒"快餐會，更增強了彼此的凝聚力，加深團隊的協作情誼。

這是一次歷久彌新意難忘的寶貴經歷。尤記得 3 月 19 日《維護國家安全條例》三讀全票通過時的百感交集，難以言表。

這是一場奮楫逐浪天地寬的時代機遇。條例通過的第二天，就有 25 間重點企業落戶香港的好消息接踵而來，對香港的前景投下信心的一票。

這是一片一枝一葉總關情的民心所向。公眾諮詢期間特區政府收到逾 1.3 萬份意見，當中 98.6% 表示支持，充分表明了條例的民意基礎，也顯示了香港市民視國家安全為頭等大事。

家是最小國，國是千萬家。在全國 14 億人民的呼喚和期盼下，條例上週六刊憲生效以堵潰堤之蟻穴、除釀禍之微末，這是近 27 年篳路藍縷的成果、砥礪奮進的創舉！

　　今年是中華人民共和國成立 75 週年，在 2024 年 3 月 23 日這個歷史銘記的日子，我們一同築好維護國家安全的堅實屏障，東方之珠的光華璀璨耀眼、名不朽、意鏗鏘。

原載《大公報》，2024 年 3 月 30 日 A10 版

見證 23 條立法的歷史時刻

◎ 黎棟國（立法會議員、新民黨常務副主席）

　　立法會在本週二（19 日）召開全日會議後，順利三讀通過《維護國家安全條例草案》，讓香港特別行政區完成其歷史任務，履行了為《基本法》第 23 條自行立法的憲制責任，我很榮幸參與及見證這歷史一刻。

　　身為立法會《維護國家安全條例草案》法案委員會的其中一名委員，我全力為香港特別行政區履行維護國家安全的職責出一份力。在 3 月 8 日至 14 日期間，法案委員會馬不停蹄，連續召開了 7 天全日會議，當中首 6 日審議草案條文，第 7 天審議修正案，奮鬥接近 50 小時，終於完成我們的工作。

　　法案委員會工作公開透明，委員們的提問、政府官員詳盡細緻的回應，都完整地記錄下來。我特別感謝立法會秘書處高效寫好詳盡的工作報告，連同稍後完成的會議紀要，逐字記錄和全程近 50 小時的錄像，任何人都可以隨時隨地重溫我們的審議，是如何認真；我們對條文細節的研究和推敲，又是如何巨細無遺。特區政府接納了委員們不少建議，修訂了一些條文，使條例草案更清晰完善。

條例廣集意見　適合港情況

《維護國家安全條例草案》是嚴格依照《基本法》和《港區國安法》的規定，根據普通法的原則草擬，既符合全國人大"5‧28決定"，同時也根據《港區國安法》第4條和第5條，堅持法治原則，防範、制止和懲治危害國家安全犯罪，並尊重和保障人權。條例草案條文清晰及精準地界定各項危害國家安全罪行，亦設有適當的免責辯護及例外情況，充分考慮、整合和回應了諮詢期收集到香港各界的意見。

再者，特區政府在草擬條例內容時，有廣泛參考和研究外國的維護國家安全法律，但條例草案並不是"搬字過紙"，而是經過仔細分析和周詳考慮，才敲定適合香港情況的條文，可見保安局及律政司團隊的努力。

今次23條立法，從1月30日諮詢開始，到3月19日立法會完成三讀，美英西方和反中亂港勢力不斷加碼抹黑，說三道四，花樣百出。我必須嚴正指出，為維護國家安全立法，放諸四海皆準。美英等西方諸國都早已有多部維護國家安全法律，我要問：他們批評和指摘香港的23條立法，不是雙重標準是什麼？唯一的答案是："只許州官放火，不許百姓點燈。"

社會和平安定　邁出新一步

香港特別行政區負有維護國家安全的憲制責任，《基本法》第23

條立法，本應在多年前早早完成。我們錯過了 2003 年的窗口，立法工作轉眼就"遲了十年又十年"，因此，我絕對支持立法要"早一日，得一日"完成。

今天，香港走到了歷史性的時刻；法案通過後，香港得以在和平、安定的社會環境下，走出新的一步。

原載《信報》，2024 年 3 月 21 日

23 條立法之後：拚經濟、拚民生

◎ 狄志遠（立法會議員、新思維主席）

　　《基本法》第 23 條立法通過後的當日，特首突然親臨立法會發表講話，向市民及立法會表示，23 條立法之後，特區政府會全力拚經濟、拚民生。

　　過去一段時間，特區政府官員常解說：政府施政困難，是因為受到反對派的阻撓、立法會拉布、黑暴事件等。而到今日完善選舉制度、23 條立法，政府施政的政治壓力，基本上治理好，"受政治拖累"的說法已經不成立。政府已沒有理由不作為，更沒有道理不能為。那我們就要向特首及官員"追功課"——拚經濟、拚民生已不能只是口號，而是要實實在在交出功課。

　　今日香港面對的問題，是經濟前景不明朗、找不到經濟發展軌道。另外，政府面對財赤，又要應對各項民生需要，包括人口老齡化，殘疾人士、照顧者及精神健康等服務需求，精準扶貧工作等等。要拚經濟和民生，那政府如何解決上述問題？

訂 5 年發展藍圖　讓大家看見未來

　　拚經濟、民生，首先要有願景，政府要制訂未來 5 年發展藍圖，建立社會對未來的信心。過去政府提過不少發展計劃，有些已不了了

　　　　　　　　　　三、政界抒懷：憲制責任　玉汝於成

之；有些做了，但掌握不到有什麼成就。近年政府提得較多的是"一帶一路"、大灣區、創新科技、盛事經濟、自由行，當然還有國際金融中心。對於這些項目，大部分市民都摸不著頭腦、看不清未來；當中也有不少令人覺得"虛"，都是煙花效應、雷聲大。

政府要交的功課，要由"虛"變"實"，提出的五年發展藍圖最少有兩項指標：（1）對 GDP（本地生產總值）的增長；（2）對就業職位的增長，特別是青年就業。這些才能說明發展成果。如何做，可以有多種方法；但達到效果，才是最重要。KPI（關鍵績效指標）不是只說明做了什麼，更重要是做到什麼成果。

另外，政府的外在阻撓減少，現在到政府自身要打通任督二脈。政府施政的很多問題，源於自己的綑綁及部門之間的關卡，以致效率差、做得差。三名副司長是否需要發功，帶領各部門做好政策、與時並進，並互相協調？倘政府的內部機器老壞，只會事倍功半。

拉近官民距離　爭取民心

政府近年搞了不少盛事活動，但總有不少市民發出噓聲，他們看政府什麼事情都覺得不順眼，這說明社會上仍有市民對政府抱負面情緒。當然，政府可以對這些情緒置諸不理；但社會瀰漫這種負面情緒，並不利於政府施政。因此，爭取民心是特區政府馬上要做的工作。

特區政府要拉近官員與市民的距離——是的，官員已懂得善用社交媒體接觸市民，但這些接觸都是遠距離的，在網上世界是不能夠拉近大家的良好感覺。不如到街上飲吓涼茶、行吓市集、做吓晨運，這會與市民有更多接觸。

有調查指出問責官員的民望走下坡，官員是時候去加強與市民的關係、強化政府的認受性。大家應多離開辦公室，到處走走，不要只在辦公室搞 facebook 和 Instagram。

融入多元參與　聽取不同聲音

今日的議會及各諮詢委員會，聲音未夠多元化；多是支持政府的聲音，有點"圍爐取暖"。如果政府偏聽，對事情就會多了盲點，施政就變得粗疏。從近期的垃圾徵費事件，就看到政府在執行有關措施時粗枝大葉，愈談愈多問題，結果要延後執行。

因此，政府要抱更開放態度。政府在諮詢市民意見的過程中，容納不同聲音，多聽不同意見，至少各諮詢委員能夠邀請不同政治立場及不同政策觀點的人加入，衝擊及擴闊政府政策思維，令施政以民意為依歸，而不是單憑長官意志。

完成 23 條立法，不是一個結束，而是一個新開始，是要開始創造一個更美好的將來。因此特區政府要交出功課、立法會要做好本分、市民要抱有信心。未來要做的工作，比完成 23 條立法更多、更具挑戰性，所以現在仍未是慶祝的時候，但我們可以為可見的將來而感到高興。

原載《明報》，2024 年 3 月 25 日

23 條落地為香港發展保駕護航

◎ 鄧飛（立法會議員、教聯會副會長）

　　立法會三讀通過《維護國家安全條例草案》，困擾香港 27 年的國家安全漏洞，終於畫上句號。立法工作得以提速提效地完成，不但展示了今屆特區政府履行憲制責任的決心，亦體現了行政立法關係的高度配合。政府部門和立法會同心協力，共同完善維護國家安全的法律和執行機制，全面落實特區維護國家安全的憲制義務，以應對今後可能出現的國家安全風險和威脅，筆者有幸在這歷史時刻參與立法工作，與有榮焉。

　　過去的"非法佔中"和"黑暴"等事件所帶來的慘痛經歷，時刻警惕我們危害國家安全的風險是真實存在的，維護國家安全有其必要性，必須全速立法。為了"早一日得一日"達成目標，政府和立法會都作出了一連串的破格操作，包括：

　　1. 行政會議召開特別會議通過條例草案，翌日刊憲，立法會隨即加開特別會議，進行首讀和二讀，這是首次有草案同日刊憲及首讀，顯示政府"分秒必爭"的決心。

　　2. 相關法案委員會連續 7 天（3 月 8 日至 14 日）召開了 22 次會議，連週六、日亦未休息，日以繼夜、夜以繼日地工作，為的是早日完成審議，"早一日得一日"。

3. 法案委員會完成審議 181 項條文後，保安局同日提交修正案，翌日完成修正案審議，再於翌日的內務委員會作口頭報告。

4. 內務委員會同日通過支持保安局局長請求豁免預告，讓草案盡早提上議事日程。內會同時通過將議員提交修正案的時限，訂於翌日中午12 時。

5. 一些小組委員會會議均改期召開，務求騰出賽道讓 23 條開快車。

6. 平日的立法會大會在週三召開，今次卻加開了 2 次特別會議，第一次在 3 月 8 日的週五，進行首讀及二讀；第二次在 3 月 19 日的週二，進行二讀（恢復辯論）及三讀通過法案，全面加速立法步伐。

今次立法，回應《基本法》23 條、人大"5‧28"決定和《香港國安法》的要求，就是要建立一套完整有效的維護國家安全法律體系。《基本法》23 條規定應予立法禁止的 7 類行為中，《香港國安法》直接涵蓋了其中 2 類（即分裂國家和顛覆中央人民政府），餘下的 5 類行為（包括叛國、煽動叛亂、外國政治團體在港進行政治活動、竊取國家機密、以及本地政治團體與外國政治組織聯繫），都在今次立法工作中得到緊密銜接、兼容和互補。

至於具體工作，法案審議速度雖快，但含金量極高，相關條例亦非常細緻。在審議的過程中，要關心的問題很多，筆者留意到大家關心的條文，集中體現在如何界定犯罪意圖上，即破壞國家安全，"不知者"是否真的"不罪"呢？在這方面，議員跟特區政府部門不斷溝通和研究；另一方面，即使沒有加入相關委員會，議員亦會收到條例草案文本，大家都深入閱讀，不敢懈怠。

安全是發展的前提，發展是安全的保障。《維護國家安全條例草案》的通過，標誌著一個重要的里程碑：一方面為"一國兩制"行穩致遠築牢堅實的保護屏障，另一方面，特區政府今後得以全力聚焦發展經濟，改善民生，為市民增添幸福感。

原載橙新聞，2024 年 3 月 20 日

國安條例保人權豈容污衊

◎ 管浩鳴（全國政協委員、立法會議員）

　　立法會全票通過《維護國家安全條例》，履行憲制責任，在香港發展進程中具歷史意義，香港社會各界紛紛慶賀，對條例維護國家安全平衡人權自由給予高度評價。然而，美國、英國和歐盟卻顛倒是非，抹黑條例"匆忙通過""定罪模糊，有損人權自由"云云。外交部、特區政府、外交部駐港公署均表示強烈譴責和堅決反對。攻擊香港的西方國家都有維護國家安全的法律，而且多如牛毛，罰則更"辣"，卻攻擊已充分借鑒普通法司法區相關法律而制定的香港國安條例，暴露少數西方國家還在做殖民舊夢，不想香港堵塞維護國安的法律漏洞，欲繼續利用香港特區遏阻中國發展。香港國安條例是高質量、高水平的法律，必定令香港更繁榮穩定、安居樂業，外部勢力的抹黑詆譭欺騙不了港人。

　　國家安全關乎國家核心利益，在任何國家都是頭等大事。美國、英國及歐盟各國都有維護國家安全的法律。據統計，美國維護國家安全的法律不少於 20 部，英國不少於 9 部。美英國安法律中不少條文比香港更嚴苛，部分罪行的最高刑罰可判處終身監禁，甚至死刑。

美英國安法例更嚴苛

　　在制定香港國安條例的過程中，草案把尊重和保障人權作為立法的重要原則。立法的過程完全依從了普通法的制度、慣例及法理，注重保障基本法規定的各項權利和自由，《公民權利和政治權利國際公約》《經濟、社會與文化權利國際公約》適用於香港特區的有關規定，在立法後繼續有效。

香港國安條例的內容清晰地界定罪行要素，清楚界定入罪門檻，規定了罪刑法定、無罪推定，保障犯罪嫌疑人、被告人和其他訴訟參與人的辯護權和其他訴訟權利，堅持法不溯及既往等原則。香港國安條例生效後，也將依照普通法的制度和慣例嚴格依法執行，執法機構行使權力必須符合法定條件、遵循嚴格程序並接受司法監督，香港人權自由有充分保障。

在立法過程中，政府廣泛聆聽社會各界不同意見，聽取立法會法案委員會提出的過千條問題和意見。在審議過程中，筆者充分感受到政府以十分嚴謹的態度立法，務求精準針對危害國家安全的犯罪行為，不希望條文定得過於寬鬆。比如，政府修正"潛逃者"的定義，刪除"發出手令後 6 個月"的時間規定，是在多名議員要求下才作出修改，顯示政府充分考慮維護國安兼顧保障人權的因素。

保安局局長鄧炳強表示，條例經過立法會法案委員會舉行的 25 次會議，近 50 小時詳細審議，其間委員提出近 1000 條問題和意見，產生 91 個修正案，絕大部分是採納議員的意見，個別條文的審議時間更長逾一小時，可見條例已獲立法會充分討論。事實證明，條例得到包括法律界在內的香港社會各界的高度肯定，認同是一部高水平的法律，能夠平衡維護國家安全和保障人權自由。

保國安就是保港人福祉

少數西方國家罔顧事實，抹黑攻擊香港國安條例，橫蠻無理、雙標霸道。少數西方國家死心不息要搶奪香港管治權，一直利用國安漏洞，在香港挑撥矛盾、製造混亂，尤其策動被形容為港版"顏色革命"的修例風波，目的只為破壞香港法治穩定，遏阻中國發展進步。少數西方國家最不希望香港有完善的維護國家安全法律制度，千方百計干擾、阻止和破壞國安立法。

反華政客並非真心關注香港的人權自由，他們若真的關注、重視香港的人權自由，2019年修例風波中暴力肆虐，香港人權自由受到最嚴重損害，出現火燒活人、飛磚殺人的慘劇，無辜市民生命安全受到最嚴重威脅，連最基本的人權自由都無保障時，為何不站出來譴責暴力，不盡力維護香港的人權自由？個別西方政客更把黑暴形容為"最美風景線"。對照西方國家、政客前後矛盾的醜陋表現，港人更清楚看到少數西方國家的偽善，更相信立法保國家安全，就是保"一國兩制"，就是保香港繁榮穩定，就是保外來投資者的利益，就是保香港的民主自由，就是保香港全體居民的人權和根本福祉。

原載《文匯報》，2024年3月21日A16版

加快由治及興的鏗鏘步伐

◎ 林順潮（全國人大代表、立法會議員）

　　立法會昨日全票通過《維護國家安全條例》，完成了一項拖延了 20 多年的憲制責任和義務。筆者有幸參與其中，完成這個光榮的歷史使命，深感榮幸！

　　立法維護國安是香港特區履行憲制責任的必要之舉，也是保障香港長期繁榮穩定的關鍵一步。經過 20 多年的討論和深思熟慮，尤其在 2019 年香港經歷動盪後，社會更加認識到國家安全的重要性，已經形成了支持盡快完成立法的廣泛共識，大家翹足企首，希望盡快通過。

　　國家主席習近平指出，要牢牢把握高質量發展這個首要任務，因地制宜發展新質生產力；要繼續鞏固和增強經濟回升向好態勢，提振全社會發展信心。各界均相信《維護國家安全條例》將為香港的未來發展打下堅實的基礎，有了堅實的國家安全法律保障，香港可以更自信地應對外部挑戰，確保特區事務不受外國干擾，從而專注於經濟發展和社會進步，牢牢把握高質量發展。

港人權利福祉得到更好保護

　　立法會法案委員會用了 7 天時間，開了 22 次會議，和共 44 小時的審議，完成條例草案逐項審議及修正案工作，在立法過程中展現了高效和嚴謹的審議態度，不僅體現了對民意的響應，也展示了對維護國家安全責任的承擔，政府官員及立法會議員的問答釐清各項條文，進一步釋除坊間疑慮，正面回應各種對立法的抹黑。

從國際角度來看，面對嚴峻的安全挑戰，快速反應和立法以保護國家安全是全球的慣常做法，例如 2001 年 "9‧11" 事件後，美國僅用 45 天就火速完成《愛國者法案》，美國現在至少有 21 項國家安全相關法律，英國都有 14 項。外國特別是來自某些西方國家的批評及抹黑，經常無視自己的國家已制定比香港更嚴格的國家安全法，絕對具雙重標準，別有用心。美西方媒體最近一再針對香港立法維護國安，發表毫無根據的報道，保安局局長鄧炳強親自逐一反駁，讓國際社會及時了解事實真相，值得讚許。

《維護國家安全條例》兼顧了嚴格和適度的原則，旨在保障香港居民的根本福祉和合法權益，同時也保護香港特區內的財產和投資。這項立法符合兩個國際人權公約的要求，尊重和保障人權，其內容和措施借鑒了普通法國家的立法經驗，與國際接軌。在立法過程中，特區政府特別重視法律細節的精煉和人權保障，包括如何在堅決維護國家安全的同時，保障香港居民依法享有的言論自由、集會自由等基本權利。立法旨在針對極少數危害國家安全的行為和人，並不會影響市民正常的言論和表達自由。此外，立法中對涉及危害國家安全犯罪案件的特殊程序規定，既保障了程序的公正高效，也維護了當事人的合法權益，體現了法治精神和人權保障的平衡。

有助香港提升整體競爭力

明確的法律規定和穩定的社會秩序，對國際投資者和商業活動而言是重要的信心基礎，有利於保持和提升香港作為全球經濟中心的吸引力。條例週六刊憲生效後，對於提升香港國際形象和競爭力亦有積極影響。一個穩定的法治環境是吸引國際投資和人才的重要因素。通過建立和完善維護國家安全法律體系，香港可以更好地保障社會穩定和經濟發展，從而在國際上展現出一個負責任、有治理能力的城市形象，增強其作為國際金融、貿易和航運中心的地位。條例生效後，香港的國安防線就更加牢固，消除了後顧之憂，也為經濟的發展和民生的改善釋放更多的時間和精力。因此，條例的通過除了是香港特區履行憲制責任，也是當下客觀現實需要，更是廣大民心所向。

維護國安立法關乎香港的未來，也是實現國家的整體安全和發展戰略的重要一環，為香港的未來的發展注入新的動力，同時也體現了法治和人權保障的精神。香港將在“一國兩制”框架下邁向更加穩定繁榮的新篇章，集中力量拚經濟、謀發展、惠民生，讓香港市民增添獲得感、幸福感、安全感。

原載《大公報》，2024 年 3 月 20 日 A14 版

築牢國安屏障　體現人心所向

◎ 周文港（立法會議員、全國港澳研究會理事、香港高等教育評議會
秘書長）

　　國家安全立法，是全球不同國家和地區的法例當中必不可少的內容，是除了國防及外交外，捍衛國家安全、社會穩定和人民生命財產最重要的手段之一，好比陽光和雨露，是一個國家或地區能夠頂天立地，以及維護主權、安全和發展利益必不可少的屏障。

　　眾所周知，早在 1985 年《基本法》起草階段，當年的《基本法》諮詢委員會及起草委員會已就第 23 條立法諮詢公眾，可惜 2003 年進行立法的時候，因外部勢力的介入及煽動社會騷亂而延宕至今。在現屆特區政府和立法會同仁堅定擔當和不辭勞苦下，於昨天（19 日）《維護國家安全條例草案》正式三讀通過，我們終於可以完成歷史的答卷，無愧於子孫後代。筆者希望，往後大家都珍惜和用好包括《維護國家安全條例》在內等國家安全屏障，守好國家的南大門，促進香港的長期繁榮穩定。

　　筆者和團隊一直留意外國政府和外媒對第 23 條立法的有關言行，他們攻擊抹黑香港將會“自此失去人權和法治”！然而，綜合不同的法律專家所指出，在維護國家安全方面相關的法律，美國最少有 21 部，

英國最少有 14 部，加拿大最少有 9 部，新西蘭最少有 2 部，澳洲最少有 4 部，而另外大家都很喜歡拿來與香港比較的地區如新加坡，最少亦有 6 部。上述眾多國家的國家安全法例更有一項特點，就是都具有域外效力的條文。說來說去，香港就只有兩部國家安全相關立法，做法克制、合理，完全用不著部分西方國家橫加指責！

值得指出的是，部分西方國家本身在國家安全領域可謂嚴刑峻法，卻公開叫囂要我們廢除《香港國安法》、抹黑我們就《基本法》第 23 條立法；情況尤如兩軍對壘，只管叫我們繼續赤手空拳，以方便他們對香港施加槍炮、任其魚肉！新中國已經成立近 75 年，早已不是一百多年前的滿清！在這種政治和外交現實下，第 23 條必須立、盡快立，法例更要全面、具可操作性，這完全符合全港以至全國人民的根本利益！

須知道，當今香港只有一套針對 4 種危害國家安全行為的《香港國安法》，其他相關規定只是散見於《刑事罪行條例》、《公安條例》等屬於配套性質的法律，而且亦相對局限於傳統安全領域，卻較少觸及諸如經濟、金融、網絡等非傳統安全領域。

參考英國《2023 年國家安全法》、加拿大的《資訊安全法》第 16 條、美國總統發出關於國家安全資料的保密級別的行政命令 13526 號、澳洲《2018 年國家安全立法修正案（間諜活動及外國干預）法》等多項例子可見，這些西方國家已陸續將 "商業" "經濟" "財政" 元素納入 "國家秘密" 的範圍，更引入類似 "破壞活動罪"，禁止針對公共基礎設施的破壞活動等行為，而這些更不限於 "實體" 性質的破壞，還會針對透過電腦、人工智能（AI）所進行的破壞。單純就這方面，已值得香港的國家安全相關立法去參考跟進。

而且，筆者從《條例草案》條文看到，律政司和保安局已認真吸納和融入公眾諮詢的意見，當中包括：

（一）在第 28 條，列明 "國家秘密" 涵蓋 "關乎中國或特區經濟或社會發展的秘密" 等核心範疇；

（二）在第 47 條，新增 "危害國家安全的破壞活動罪"，杜絕公共基礎設施受到攻擊。

筆者相信，相關內容既是國際標準，亦將增加香港的安全保障，令工商專業界別更安心拚經濟。恭喜香港市民因為《維護國家安全條例》的通過、生命財產安全因而得到的進一步保障！

原載橙新聞，2024 年 3 月 20 日

國安人權　統籌平衡

《基本法第 23 條》立法工作最終完成　歷史意義重大

◎ 劉兆佳（香港中文大學社會學榮休講座教授、全國港澳研究會顧問）

早在 1980 年代初，當中央提出用"一國兩制"方針解決香港這個歷史遺留下來的問題時，中央已經明確表明"一國兩制"成功實踐的前提之一，是香港特區必須負起維護國家安全的責任，而國家安全不單包括中華人民共和國的安全，也包括由中國共產黨領導的政權和內地的社會主義體制的安全。"一國兩制"的總設計師鄧小平先生更警告香港在回歸後不可以成為"顛覆基地"，否則中央非干預不可。

然而，為了照顧好香港居民和外國投資者的疑慮，中央"史無前例"地把原來屬於主權國中央政府訂立維護國家安全法律的責任授權一個地方來履行，而中央這個決定則體現在《基本法》第 23 條之中。《基本法》第 23 條背後的另一個重要目的，是要讓香港的維護國家安全的法律能夠切合在香港延續的普通法體系的原則和精神，更合乎香港的特殊國際環境，從而更能提升香港各界和國際社會對香港未來的信心和對中央切實貫徹"一國兩制"方針的決心的認同。

當然，中央此舉也"假設了"中國與西方的關係在香港回歸祖國後一段頗長時間內仍然會處於良好狀態，而香港亦會不負中央所託盡早完成 23 條的立法工作。可是，遺憾的是，在冥頑不靈的"反中亂港"勢

　　　　　　　　　　　四、學界解讀：國安人權　統籌平衡

力和其大批支持者的阻撓下，23 條立法在 2003 年徹底失敗，甚至導致 23 條之後被妖魔化為 "惡法"。後來，由於美西方從根本上改變了對華政策，把遏制中國的崛起作為首要戰略目的，而香港更成為了可以用來對付中國的棋子，因此把香港變成 "顛覆基地" 便成為了 "反中亂港" 分子和美西方勢力的共同目標和合作基礎。在這種情況下，內外敵對勢力更加大力度阻止 23 條立法工作的進行，更成功令其在香港成為 "政治忌諱"（political taboo），就連特區政府和愛國人士也不敢觸碰這個燙手山芋。在香港回歸祖國近四分之一個世紀後，23 條立法工作仍然無法完成，香港也就長期成為了國家安全的隱患和威脅。

在維護國家安全法律缺位的情況下，"反中亂港" 和美西方勢力遂得以肆無忌憚和長時間地不斷利用 "政改" "反對第 23 條立法" "逃犯條例修訂" 等政治議題衝擊特區政府、分化離間香港居民與中央的關係、策動政治鬥爭和動亂、撈取政治本錢和讓外部勢力利用香港來危害國家安全，最終在 2019 至 2020 年引爆了香港歷史上最嚴重和最血腥的暴亂。在香港生死攸關之際，中央毅然決然制定《香港國安法》並徹底改革香港的選舉制度，讓香港得以恢復秩序和法治、實施有效管治、實現 "愛國者治港" 和嚴厲遏制內外敵對勢力。香港的政治和管治架構的重塑是香港得以 "由亂及治" 的關鍵，更是香港日後 "由治及興" 的基礎。

如果沒有中央全面行使其對香港的 "全面管治權" 和大力支持特區政府的管治，和推動愛國陣營的團結和行政立法的良性互動，23 條立法今天也仍然會是一項"不可能完成的任務"（mission impossible）。這次 23 條立法之所以能夠順利完成，充分印證了香港的政治局勢已經到了一個嶄新和良好的階段。在中央、特區政府、立法會和愛國力量的同心協力下，23 條（正式法律名稱是《維護國家安全條例》）的立法工作火速完成。當然，香港內部和外部都有人批評立法過程過於倉促，有關法律肯定會有不周全的地方。不過，即便有不周全的地方，日後也可以通過不時修訂來加以完善。在行政立法關係良性的情況下，要修訂有關法律亦非難事。如果從 2003 年特區政府首次嘗試進行 23 條立法算起，有關 23 條立法的探討和辯論在香港和內地已經斷斷續續進行了 20 年，時間不可謂不長，許多問題其實也已經經過反復推敲了。

從特區政府今年 1 月出臺有關 23 條立法的公眾諮詢文件到 3 月立法工作完成，耗時 2 個月左右。一些人對特區政府以"快刀斬亂麻"的手法進行立法大惑不解，並予以責難。我個人認為，加快完成立法工作有其迫切性，原因與外部勢力有密切關係。在 23 條立法的諮詢文件出臺之初，美西方勢力看似對 23 條立法不太關心，明顯與它們過去的態度相悖，但其實是它們在等待《維護國家安全條例草案》公佈後才對其中的具體條文和罰則發起大規模和猛烈的攻擊，並對相關的官員和立法會議員出言恐嚇和威脅作出制裁，意圖在香港內部引發對《23 條》立法的擔憂和反對以及迫使一些立法會議員放棄對立法的支持。從"不怕一萬、只怕萬一"和"最壞角度"出發，特區政府和立法會議員都同意以最快速度通過《維護國家安全條例》，不讓敵對勢力有足夠時間組織和部署和策動阻撓或破壞立法工作的行動，或者利用立法工作為契機在香港引發動盪。從另外一個角度看，美西方勢力對 23 條立法的惡意詆譭和攻擊反映了國家今天依然面對著嚴峻的國家安全威脅，因此更顯得 23 條立法的緊迫性和必要性。

這次 23 條立法工作能夠在敵對勢力"壓迫"下順利完成，也凸顯了愛國力量的團結和勇氣。立法會議員和愛國人士對立法工作給予大力的支持，並對敵對勢力的威脅和恫嚇同仇敵愾和嗤之以鼻，強化了他們的政治危機感、鬥爭意志和政治勇氣。在立法的過程中，愛國力量的團結和勇氣取得了不少香港居民的尊重，也因此獲得了一個難得的壯大和發展的機會。

《維護國家安全條例》通過後，香港"一國兩制"和《基本法》可算是在香港回歸祖國 27 年後得以全面和準確實踐。一天 23 條立法工作沒有完成，一天香港便沒有履行它應負的憲制責任，一天《基本法》都沒有在香港全面落實。今後，在全面和準確實施的基礎上，"一國兩制"方針便可以在香港行穩致遠，並在 2047 年後繼續實行和發展，這將為香港的長期繁榮穩定和香港內外人士對香港的信心注入強大的動力。只有在香港居民表現出足夠誠意和能力維護國家安全的情況下，中央和廣大內地同胞才會同意"一國兩制"成為"永久性"的制度安排。

《維護國家安全條例》通過後，香港各界便可以在一段時間內在沒有"敏感"政治議題的干擾、並在中央的支持下，集中精神處理當前嚴峻的經濟發展和民生改善的問題。尤其重要的，是香港國家安全法和

23 條立法共同構築了一套較為全面的維護國家安全的法律制度和執行機制，從而讓香港日後可以在少受內外敵對勢力的干擾和破壞、在較為穩定的局面下更好地著手處理自己的問題。

當然，儘管美西方勢力無法阻撓 23 條立法，但它們必然會耿耿於懷，仍然會對《香港國安法》和《維護國家安全條例》不斷攻擊和抹黑、以及不時測試香港特區政府和司法機關對於維護國家安全的決心和能力。美西方對香港和對負起維護國家安全職責的官員、法官和律師仍會不斷作出攻擊、威脅和制裁。所以，抗擊和反駁內外敵對勢力依然是中央、特區政府和愛國力量一件無法迴避的長期性的艱巨工作。不過，在這種充滿挑戰的環境中，"愛國者治港" 卻將會得到一個絕佳的錘煉和提升戰鬥力的機會。

原載橙新聞，2024 年 3 月 19 日

《維護國家安全條例》的意義和影響

◎ 陳弘毅（香港大學法律學院鄭陳蘭如基金憲法學講座教授）

　　在香港和國際上引起廣泛關注的《基本法》第 23 條立法——《維護國家安全條例》（以下簡稱《國安條例》）——終於在 2024 年 3 月 19 日在立法會三讀通過，並在 3 月 23 日刊憲實施。本文將對其憲制意義和實際作用或影響作初步的探討。

　　《基本法》第 23 條要求香港特別行政區自行立法禁止叛國、分裂國家、顛覆、煽動叛亂、竊取國家機密等共七方面的行為，其宗旨是立法去維護國家安全。《基本法》設有中央把全國性法律適用於特別行政區的安排，例如《國籍法》、《國旗法》等法律，便是適用於香港的。但是，《基本法》在立法時認為，中國內地的關於保障國家安全的法律並不適宜直接在香港實施。中國內地實行的是社會主義制度，其保障國家安全的法律包括《刑法》中關於"反革命罪"的規定，香港特別行政區實行資本主義制度，所以把"反革命"這類罪行引進香港法律並不合適，因此便有第 23 條關於香港自行立法保障國家安全的規定。

　　在 2002 年秋天，特區政府開展第 23 條立法的諮詢，並在 2003 年初向立法會提交《國家安全（立法條文）條例草案》。眾所周知，這個立法項目在當年"七一大遊行"之後被擱置。第 23 條立法被"反對派"

妖魔化，不少市民都被誤導，以為這立法通過後港人便會失去很多其原有的人權和自由。這種妖魔化的後果，是董建華先生之後的歷任特首都沒有把第 23 條立法列為應優先處理的事項，而由於其他事項繁多，所以第 23 條立法長期被擱置，特區政府長期未能履行其憲制責任。

在關於國家安全立法長期缺位的情況下，香港在 2014 年出現了"佔中"運動，之後香港的政治和社會衝突進一步惡化，終於釀成 2019 年的"修例風波"。為了使香港由亂到治，中央採取了果斷的措施，在 2020 年為香港訂立了《香港特別行政區維護國家安全法》，並在 2021 年就香港的選舉制度進行改革。

一國兩制法律秩序　在港完成建構

2020 年的《香港國安法》，處理了《基本法》第 23 條提到的七種危害國家安全的行為的其中兩種（即分裂國家和顛覆），另外也設立了恐怖活動罪和勾結外國危害國家安全罪。但是，就第 23 條提到的另外五方面的問題，《香港國安法》並無規定，其用意是留待香港自行立法處理。全國人大在 2020 年的"5·28 決定"的第 3 條和《香港國安法》第 7 條都明確規定，"香港特別行政區應當盡早完成香港特別行政區基本法規定的維護國家安全立法"。

在此背景下，特區政府在 2024 年 1 月 30 日展開了《基本法》第 23 條立法的公眾諮詢，諮詢文件題為《維護國家安全：〈基本法〉第二十三條立法》。諮詢文件的建議和 2003 年特區政府提出的實施《基本法》第 23 條的立法建議比較，這次的建議的立法範圍較為全面和深入，規管的力度較大，這是可以理解的，因為情況與 2003 年有了很大的不同：一方面，和 2003 年時不同，香港的確曾出現了危害國家安全的活動（包括 2019 年類似 "顏色革命" 的情況），而且外國勢力對中國的國家安全威脅大為增加。此外，中國內地和外國在這二十年來關於國家安全的立法也有了很多新的發展，可供香港參考和借鑒。

這次諮詢文件的部分建議，大致上保留香港原有的《刑事罪行條例》、《官方機密條例》、《社團條例》的相關規定，並作修改和增補，以應付當前和未來的需要。此外，諮詢文件也建議設立一些的新的刑事罪名，主要是破壞活動罪（如破壞公共基礎設施）、就電腦和電子系統危害國家安全罪，和境外干預罪。關於這些方面，歐美國家最新的國安法都有處理相關課題，所以諮詢文件就這些方面的建議，基本上是符合國際上的國安立法的趨勢的。

諮詢文件設定的諮詢期為一個月，在 2 月 28 日結束。社會上和立法會議員都大致支持諮詢文件的建議，在 3 月 8 日，特區政府向立法會提交《維護國家安全條例》的草案，進行首讀和開始二讀程序。其後，立法會的法案委員會全速審議草案的條文及提出修改意見，並在 3 月 14 日完成審議。《維護國家安全條例》終於在 3 月 19 日在立法會三讀通過，並於 23 日刊憲生效。

2024 年 3 月《國安條例》的制定，標誌著 "一國兩制" 的法律秩序在香港的建構的完成。"一國兩制" 必須兼顧 "一國" 和 "兩制"，《基本法》第 23 條是 "一國" 原則的重要體現，因為它要求香港特別行政區立法保障中國整體的國家安全。第 23 條立法一日未能完成，"一國兩制" 的法律秩序仍是有所欠缺的。

條文較多但相對簡單　部分為原有法律適應化及增補

以上便是《國安條例》的訂立的重大憲制意義。現在我們再來探討這條例的實際作用或影響。以其篇幅來說，這部條例是香港最長的法例之一，它共有 190 條，長達二百多頁。在結構上，《國安條例》分為九個主要部分：導言；叛國等罪行；叛亂和煽動等罪行；與國家秘密和間諜活動相關的罪行；危害國家安全的破壞活動和就電腦或電子系統作出破壞（以下簡稱 "破壞罪"）；危害國家安全的境外干預，和對危害國家安全的組織的管制；執法權力及訴訟程序；維護國家安全機制及相關保障；對其他法例的相關修訂。

雖然這部條例篇幅冗長，條文繁多，但相對於英美等大國的關於國家安全方面的立法，香港的這部《國安條例》仍是相對簡單和容易瞭解的。下文將會談到《國安條例》如何改變香港原有法律，以及討論這部條例中對於市民日常生活可能造成影響的部分。

《國安條例》的部分內容和罪名不是新創的，而是香港在回歸前的法律已經有的，《國安條例》就這些原有法律規定作出了 "適應化"（例如就把保障英王統治的字眼改為改為適合回歸之後的 "一國兩制" 的情況）和增補。這些原有法律中已有的罪名包括叛國罪和煽動罪（sedition）

（這兩者均見於《刑事罪行條例》）、與官方機密和間諜有關的罪行（見於《官方機密條例》），以及對於危害國家安全的社團的管制（見於《社團條例》）。至於《國安條例》中新增的罪名，主要有兩種，便是上述的"破壞罪"和危害國家安全的境外干預罪。此外，《國安條例》上述的第七和第八部分也是新增的法律規定。

和平時期　叛國罪檢控極罕有

就叛國罪來說，《國安條例》除把原有《刑事罪行條例》的叛國罪"適應化"外，也把普通法的隱匿叛國罪訂為成文法（見條例第 12 條關於披露他人犯叛國罪的規定）。這點曾引起傳媒討論，但我認為市民無須擔心，因為在和平時期叛國罪的檢控是極為罕有的，叛國主要是指中國公民勾結外國向中國發動戰爭、協助在戰爭中與中國交戰的敵方，或以武力或威脅使用武力去危害中國的主權、統一或領土完整。

《國安條例》中關於煽動罪的規定，基本上是保留了原有《刑事罪行條例》第 9 和第 10 條的煽動罪（包括發表煽動性言論、沒有合理理由而持有煽動性刊物等）並對原有條文作出適應化，以關於中國的政權和社會主義制度的字眼代替原來關於英王的提述。至於對原有條文的補充，主要是說明構成煽動罪的必要元素並不包括被告人煽動他人使用暴力；關於這點，香港高等法院上訴庭今年 3 月 7 日在"譚得志案"的判決（[2024] HKCA 231）已經對原有煽動罪作出同樣的解釋，並同時確定煽動罪的立法沒有違反《基本法》的人權保障條款。另外，《國安條例》把煽動罪的最高刑罰由二至三年提高至七年。

對政府提建設性批評　不會構成煽動

　　我認為在整部《國安條例》中，市民可能最需要留意的便是這項煽動罪的條文。2020 年以來，香法院已經審理三十多宗關於煽動罪的案件，市民需要在其發表言論時留意這方面的法律標準，以免誤墮法網。值得留意的是，原有《刑事罪行條例》和現在的《國安條例》都對煽動罪的範圍作出限制〔見《國安條例》第 23（3）、（4）條〕，基本上對於政府體制或政府政策的建設性批評和改良建議，是不會構成煽動罪的；煽動罪主要是指煽動對於國家、政府、立法機關或法院的憎恨或藐視，或煽動不同社群之間的憎恨或敵意。

　　《國安條例》中關於"國家安全"的定義，主要參考和使用了中國內地的《國家安全法》對國家安全的理解，而《國安條例》中關於"國家秘密"的定義，則參考和使用了中國內地的《保守國家秘密法》對國家秘密的定義。但是，我認為市民（包括傳媒和學術界）無需擔心他們會無意中誤墮法網。《國安條例》中的國家秘密基本上便是內地《保守國家秘密法》中的國家秘密，而內地的這部法律設立了關於對文件和資訊的"定密"的非常完備和嚴謹的制度，文件可在"定密"時被確定為"絕密"、"機密"或"秘密"，並予以蓋章；所以一般來說，什麼是"國家秘密"是顯而易見的。

設公眾利益辯護　港法規較內地寬鬆

內地的關於國家秘密的法規主要針對的是持有或接觸國家秘密的官員和幹部，而不是一般老百姓；一般人民只要不故意竊取國家秘密（"竊取國家秘密"便是《基本法》第 23 條中的用語）或向官員刺探或收買國家秘密，便不會觸犯關於國家秘密的刑法規定。這個基本原則也反映於《國安條例》的相關條文。此外，《國安條例》第 30 條設有為了"公眾利益"而披露國家秘密的辯護理由，這辯護理由在內地法律中是沒有的，在這方面香港的關於國家秘密的立法相對於內地可算較為寬鬆。

如上所述，《國安條例》新設的罪名，包括上述的"破壞罪"（sabotage）和危害國家安全的境外干預罪（foreign interference）；這兩種罪名在英國、澳洲等西方國家也是存在的。這兩項罪名中破壞罪是較少爭議的，大家都可以看到對破壞活動（如破壞城市的基礎設施或電子系統）立法的必要性和合理性。至於境外干預罪，社會人士關注到這是否會影響香港作為國際城市的對外交往。

境外干預罪設計關鍵在定義

首先需要指出的是，境外干預罪並不是香港原創的罪名，《國安條例》的境外干預罪條文的起草，參考了英國、澳洲和新加坡的相關法律。境外干預罪大致上是指勾結或配合境外勢力（如外國政府或政治組織、國際組織），去作出涉及"不當手段"的行為，意圖在香港造成"干預效果"。舉例來說，這"干預效果"包括影響政府政策的制定或執行、影響立法會或法院的運作等等。我認為這個境外干預罪的設計的關鍵在於勾結或配合境外勢力的定義和不當手段的定義。

例如，接受境外勢力的指使或資助去作出某行為，便是與其配合。至於什麼是不當手段，這是更為關鍵的。不當手段有三種，包括（1）構成刑事罪行的行為；（2）一些損害他人的行為，如對他人施予暴力或威脅施予暴力、損毀他人的財產或威脅損毀其財產、使他人的名譽受損或威脅損害其名譽等等；（3）作出"關鍵失實陳述"，即作出虛假或具誤導性的陳述，從而隱瞞當事人正在配合境外勢力而作出有關行為此事實，或隱瞞當事人意圖達致某干預效果此事實。

因此，即使有關人士與境外勢力有些交往，只要他小心避免作出可能有"干預效果"的涉及"不當手段"的行為，便不會觸犯這法規。估計在實踐中，境外干預罪主要是針對外國勢力通過本地人士介入香港政治的情況，一般市民應無需擔心觸犯此法。

另外，值得留意，《國安條例》關於間諜罪的規定，也有一項類似境外干預罪的罪名，這便是《國安條例》的第43（3）條，這裏的罪名是勾結境外勢力向公眾發佈虛假或具誤導性的事實陳述，並意圖危害國家安全。這項規定主要是針對境外勢力特意通過其間諜在香港發佈虛假或誤導性資訊，從而危害國家安全，一般市民應該不會觸犯此罪。

《國安條例》關於對危害國家安全的組織的管制，基本上是擴大政府在現有《社團條例》下可規管的範圍，除受原有《社團條例》規管的社團外，其他形式的社會團體或組織現在也受到《國安條例》的規管。規管的方式主要是授權政府禁止危害國家安全的組織在香港的運作。相關罪行只適用於在有關組織被政府取締後仍然擔任該組織的負責人、或繼續參與該組織或支持該組織等情況；即使市民在有關組織被取締之前有所參與，只要在其被取締後停止任何與它的交往，便不會犯法。

毋須高估條例對市民生活的影響

由於篇幅有限，本文未能討論《國安條例》的其他方面。總括來說，我認為《國安條例》規管的範圍雖然廣泛，其規管的力度雖然相對嚴厲，但估計《國安條例》生效後，需要根據《國安條例》提出檢控的情況應該是較為罕見的，估計案件的數目會少於《香港國安法》實施初期的檢控數字。因為《國安條例》關於什麼是違法行為的標準是清晰明確的，市民容易瞭解和予以遵守，要確保自己不觸犯其中規定的罪行，相信不是困難的事。

我相信絕大部分市民都會自願遵守《國安條例》的規定；我們也無需高估《國安條例》對於市民日常生活和正常活動的影響。

香港維護國安法律不算特別嚴苛

我們留意到一些外國政府和外國政客對於《國安條例》的抨擊，我認為很多這類的評論是有欠公允的。每個主權國家都需要保障其國家安全，以免受外國侵略、顛覆或欺負。每個國家和地區都有理由和權力去立法保障其國家和社會的安全。類似《國安條例》和《香港國安法》的法律在西方國家也是普遍存在的，嚴厲的國安法比比皆是。從比較法的角度看，在"一國兩制"下香港特別行政區的關於維護國家安全的法律不算特別嚴苛，而且比不少西方大國的國安法相對簡單。

我們反對一些西方政客自以為是的雙重標準，一方面重視自己國家和民族的國家安全的保障，另一方面卻認為他國保障其國家安全便是侵犯其國民的人權。為了一個國家、一個民族在充滿競爭、風險和危機的當今世界的生存和發展，國民遵守本國維護國家安全的法律，責無旁貸。公理自在人心，市民的眼睛是雪亮的，能分辨出哪些資料和意見是帶著有色眼鏡的、偏頗的和具誤導性的。

原載《明報》，2024 年 3 月 27、28 日

"27 年磨一劍" 的啟示

◎ 屠海鳴（全國政協港澳臺僑委員會副主任、香港新時代發展智庫主席、暨南大學 "一國兩制" 與基本法研究院副院長及客座教授）

　　19 日傍晚，香港特區立法會以 89 票贊成的結果，全票通過《維護國家安全條例》。行政長官李家超隨即表示，將簽署國安條例，並會在 3 月 23 日刊憲公佈實施。國務院港澳辦公室、中央政府駐香港聯絡辦公室分別發表聲明，祝賀國安條例順利通過，稱其為香港回歸祖國以來又一具有里程碑意義的大事。

　　香港回歸近 27 個年了，基本法 23 條規定香港特區自行立法維護國家安全的憲制責任終於落實，可謂 "27 年磨一劍"！27 年的 "磨劍之路" 給人諸多啟示，主要有四個方面。

必須落實好中央全面管治權

　　回歸之初，香港社會曾有一種錯誤的認識，認為中央與香港特區是 "分權" 的關係，國防和外交權力歸中央，其他權力歸香港。這是錯誤地解讀了 "中國恢復對香港行使主權" 的含義。

　　中國恢復對香港行使主權，意味著中央對香港擁有全面管治權，中央透過基本法把部分權力授予香港，基本法 23 條訂明香港應自行立法維護國家安全，這個"立法權"就屬於中央"授權"之一。中央與香港特區的關係是"授權"與"被授權"的關係，中央的全面管治權涵蓋了香港高度自治權，二者並非"平行"關係，更不是"對立"關係。

由於認識上的模糊，加之反中亂港勢力長期作亂，回歸後，中央的全面管治權體現得不夠充分。2003 年，23 條立法功虧一簣，中央依然以包容的態度等待香港社會形成共識後再推動立法。沒想到反中亂港勢力和外國反華勢力得寸進尺，不僅"污名化"、"妖魔化"23 條立法，而且策動了 2014 年的非法"佔中"、2016 年的"旺角暴亂"、2019 年歷時 7 個多月的"修例風波"。

面對香港的嚴峻形勢，中央果斷行使對香港特區的全面管治權。一是行使立法權。直接出手制定《香港國安法》，修改香港基本法附件一《香港特別行政區行政長官的產生辦法》和附件二《香港特別行政區立法會的產生辦法和表決程序》；二是行使監督權。督促香港特區對淪為"亂港平臺"的區議會進行改革，令區議會重回基本法 97 條訂明的"非政權區域組織"的定位。

為落實好中央的全面管治權，2020 年 2 月，中央對港澳工作體制進行了重大調整。"中央港澳工作協調小組"變更為"中央港澳工作領導小組"，十三屆全國政協副主席夏寶龍出任中央港澳工作領導小組常務副組長、國務院港澳辦主任，執掌港澳工作。四年多來，夏寶龍堅決落實習主席和中央的治港方略，構建了前後一體、左右協同、上下有機銜接的港澳工作新機制，工作效能大大提升。

事實證明，中央全面管治權絕對不能淡化、虛化、弱化，更不能落空，否則，"一國"這個前提和基礎就容易被掏空，就無法全面準確貫徹"一國兩制"方針。

"愛國者治港"必須落到實處

"愛國者治港"原則源於"一國兩制"方針。由於"一國"是本與源，"兩制"是支與流，治港者首先必須愛國，其次應該愛港，並將"愛國"和"愛港"統一起來。

以上道理並不複雜，但過去香港卻出現不正常的現象。其一，少數人把"愛國"和"愛港"對立起來，將"愛國"等同於"賣港"，將"愛港"等同於"抗中"。其二，"愛國者治港"缺少落實機制。那些明目張膽"抗中"的人可以透過"選舉"進入立法會，成為"尊貴的議員"；那些保持"政治中立"的公務員，在維護國家安全的關鍵時刻，可以拒不執行特區政府的指令，甚至於為暴徒通風報訊；那些宣揚"港獨"的媒體、大學教授，以"言論自由"、"學術自由"為由，可以肆無忌憚地煽動市民憎恨中央、仇視"一國"。

"歪嘴和尚唸經"，只會把一部好經愈唸愈歪。事實證明，"愛國者治港"沒有落到實處，"一國兩制"在實踐中必然走樣、變形。

四年多來，在中央的主導下，香港特區完成了新選制下的選委會選舉、立法會選舉、行政長官選舉；在中央的監督下，香港特區政府順利完成了區議會選舉，把"愛國者治港"落到了實處。

實踐證明，"愛國者治港"為順利通過國安條例創造了有利條件。從這次立法會審議國安條例草案的過程看，議員們專注具體條款、設想各種可能出現的極端場景、積極思考查漏補缺的辦法，提出了許多高質量的建議。在二讀辯論中，88名議員代表各自的政團、界別、群體踴躍發言，堅定支持立法。整個審議過程全程直播，市民看到了大多數議員理性、專業、務實的素養，這與往屆立法會"拉布"、"流會"，甚至大打出手的場面形成鮮明對比。

必須堅持行政主導積極作為

基本法訂明了"三權分置，行政主導，司法獨立，行政長官代表特區向中央負總責"的政治體制。但香港回歸後，"行政主導"並未落實到位。一方面，反中亂港勢力將香港的政治體制解讀為"三權分立"，誤導公眾；另一方面，香港在長期發展中形成了"小政府，大市場"、"小政府，大社會"的格局，政府奉行"積極不干預"政策；漸漸地，政府也變得"謙讓"有餘、主動不夠。

2003年推動23條立法失敗之後，歷屆政府都以"時機不成熟"為由，一拖再拖。說到底，還是"行政主導"沒有落到實處，政府沒有決心和底氣啃下這塊"硬骨頭"。

行政長官李家超及第六屆特區政府就任後，"行政主導"落到了實處，政府積極作為，彰顯了"當家人"和"第一責任人"的擔當。

李家超在2023年施政報告中明確提出：2024年內完成23條立法，

由律政司司長林定國、保安局局長鄧炳強牽頭負責立法工作。一年多來,他們做了扎實的前期準備工作,既注重與香港國安法、與本地原有法律的銜接,又注重與《公民權利和政治權利國際公約》、《經濟、社會與文化權利的國際公約》適用於特區的有關規定銜接;同時,還借鑒了英國、美國、加拿大等國維護國家安全的法律。

今年1月特區政府啟動立法的公眾諮詢,發佈長達80多頁的諮詢文件,召開了30場解說宣講會。政務司司長陳國基利用各種公開場合,向公眾講述23條立法是"保護香港的良藥";財政司司長陳茂波、商務及經濟發展局局長丘應樺,積極向外國商會、外商解讀國安條例草案,闡明國安條例無損香港營商環境;民政及青年局局長麥美娟深入社區,就市民關心的問題反覆進行解說……整個政府團隊形成了推動立法的巨大合力。

條例草案提交立法會審議後,林定國、鄧炳強等特區政府官員在立法會回答議員提出的逾1000條問題,條分縷析,深入淺出,令人信服。在3月13日下午立法會完成"逐條審議條文"後,當晚9時前特區政府就提交了修正案內容,速度實屬罕見;根據議員的意見,政府總共提交了91項修正案,體現出認真負責、科學專業、包容謙遜的做事風格。

可以看出,由於"行政主導"落到實處,政府官員推動23條立法的信心和底氣十足,推動立法的力度之大,前所未有。

必須弘揚"一國兩制"主流價值觀

國家主席習近平在香港回歸祖國 25 週年慶祝大會暨第六屆特區政府就職典禮上的講話中指出："希望全體香港同胞大力弘揚以愛國愛港為核心、同'一國兩制'方針相適應的主流價值觀。"習主席高瞻遠矚，直指要害。弘揚同"一國兩制"方針相適應的主流價值觀，對於香港來說十分重要。

回顧來路，凡是香港社會動盪不安的時候，都是價值觀混亂的時候。2019 年的"修例風波"不是偶然的，而是反中亂港勢力和境外反華勢力長期滲透、煽動的結果。沒有形成主流價值觀的社會，注定是"一盤散沙"，經不起風浪的考驗。

此次國安條例之所以能順利通過，還在於香港社會在經歷"黑暴"之後，絕大多數人認識到香港不能再亂，國安才能港安，香港必須構築堅固的"防波堤"。風雨之後，香港社會的主流價值觀愈來愈清晰，對"一國兩制"的實踐規律認識愈來愈明確，支持維護國安的合力愈來愈強大。

國安條例公眾諮詢以來，本港各主要政團、社團、商會等 500 多個代表性團體組織紛紛發聲支持立法；公眾諮詢階段，特區政府共收到 1.3 萬份意見，支持立法的比例高達 98.58%；還有不少專業人士主動作為，向市民及業界解說國安條例內容，消除人們的憂慮。這都體現出同"一國兩制"相適應的主流價值觀在不斷強化。

今年全國"兩會"期間，中共中央政治局常委、國務院副總理丁薛祥在參加政協港澳聯組討論時指出："實踐證明，維護國家安全只有進行時，沒有完成時。"

丁薛祥副總理的講話提示我們，國安條例通過僅僅是一個開始，未來還可能遇到更加複雜多變的局面，我們應從"27 年磨一劍"的過程中汲取經驗和教訓，今後在維護國家安全上做得更好，推進"一國兩制"行穩致遠。

原載《香港經濟日報》，2024 年 3 月 21 日

《維護國家安全條例》體現尊重和保障人權原則

◎ 韓大元（全國人大常委會基本法委員會委員、中國人民大學法學院教授）

3 月 19 日，香港特區立法會經三讀程序通過《維護國家安全條例》（以下簡稱《條例》），並於 3 月 23 日刊憲公佈實施。這標誌著在 "一國兩制" 方針下，香港特區歷經近 27 年後終於完成了香港基本法第 23 條規定的特區自行立法的憲制責任，為豐富 "一國兩制" 在香港的實踐，為香港保持繁榮和穩定提供了有效的法治保障。

制定《條例》具有重要現實意義

國家安全不能得到保障，國家就無安身立命之本。在百年未有之大變局下，為有效應對國際和國內對國家安全的威脅、風險、挑戰，需要在總體國家安全觀指導下，建立健全維護國家安全的制度體系和執行機制。

維護國家安全是中央人民政府與香港特區共同擔負的職責。在 "一國兩制" 方針下，根據香港基本法第 23 條，全國人大賦予香港特區自行立法維護國家安全的義務。香港回歸以來，特區政府為 23 條立法也做過努力，如 2003 年香港特區政府曾嘗試提出《國家安全（立法條文）

　　　　　　　　　　四、學界解讀：國安人權　統籌平衡

條例草案》，但受到反中亂港勢力阻撓以及本地社會爭議影響而撤回。2019 年"修例風波"暴露出香港特區維護國家安全重大風險以及本地維護國家安全立法存在制度缺口。

在這樣的背景下，全國人大通過"5·28"決定授權全國人大常委會制定《香港國安法》。全國人大"5·28"決定和《香港國安法》強調香港特區應盡快完成香港基本法第 23 條規定的立法義務。在百年變局和新的國家安全形勢下，香港社會各界一致盼望盡快完成維護國家安全的本地立法，為香港經濟發展和營商環境奠定法治基礎。

香港國安法的制定實施，使香港進入由治及興的新階段。但香港國安法並不能代替 23 條立法。《條例》涉及的罪行範圍比香港國安法更為廣泛，與後者相互兼容和銜接，共同築起全面維護國家安全的法治屏障。香港國安法中規定了四類危害國家安全的罪行，包括分裂國家罪、顛覆國家政權罪、恐怖活動罪和勾結外國或者境外勢力危害國家安全罪四類，是針對當時緊迫的、維護國家安全的立法形勢作出的立法決定。同時，根據國家安全形勢面臨的新情況，23 條立法的範圍比香港國安法的罪行更廣泛，是對危害和威脅國家安全行為的更全面的法律防治體系。同時，香港國安法是以列入香港基本法附件三且以直接公佈實施的方式在香港實施的，並沒有直接修改其他的香港特區本地立法。而香港特區本地立法在回歸後並未在國家安全罪行方面進行適應化修改，所以尚有許多不合時宜的部分，需要在 23 條立法過程中加以完善，補齊本地維護國家安全制度短板。

《條例》貫徹落實"一國兩制"方針

《條例》在總則部分明確了三項立法基本原則，其中首次將"'一國兩制'方針的最高原則，是維護國家主權、安全、發展利益"作為首要的立法原則，並寫入本地法律，為"一國兩制"方針的落實以及特區施政提供清晰的行為準則。

香港自回歸之日起，重新納入國家治理體系，建立了由憲法和基本法共同構成的特別行政區憲制秩序。中央對特別行政區擁有全面管治權，既包括中央直接行使的權力，也包括授權特別行政區依法行使高度自治權，以及中央擁有的監督權。中央全面管治權是特別行政區高度自治權的源頭，同時中央充分尊重和堅定維護特別行政區依法享有的高度自治權。落實中央全面管治權和保障特別行政區高度自治權是統一銜接的，也只有做到這一點，才能夠把特別行政區治理好。但長期以來，香港社會有些人對"一國兩制"方針作為最高原則存在著不少模糊認識和片面理解，否認或抗拒中央對香港的全面管治權，歪曲"一國"與"兩制"的關係，片面地強調"兩制"，而忽視"一國"這一根本前提。

"一國兩制"方針是一個完整的體系，全面準確貫徹的關鍵在於把握好"一國"與"兩制"的關係。"一國"和"兩制"並非平起平坐，維護一國的主權、安全、發展利益是根本。"一國"是指在中華人民共和國內，香港特別行政區是國家不可分離的部分，是直轄於中央人民政府的地方行政區域。"兩制"是指在"一國"之內，國家主體實行社

　　　　　　　　　　　　四、學界解讀：國安人權　統籌平衡

會主義制度，香港、澳門等某些區域實行資本主義制度。"一國"之內的"兩制"並非等量齊觀，國家的主體必須實行社會主義制度，是不會改變的。因此，在維護國家主權、安全、發展利益上，只有"一國"之責，沒有"兩制"之分。

《條例》明確寫入"一國兩制"方針的最高原則，並使之法律化，在結構和內容上認真落實這一原則，貫徹了"一國兩制"方針，有助於在維護國家主權、安全和發展利益的前提下，進一步鞏固香港的國際金融、航運、貿易中心地位，為特區政府全力聚焦發展經濟、改善民生提供法治保障。

《條例》體現國家安全與人權保障的合理平衡

尊重和保障人權是《條例》建基的重要原則之一，《條例》的通過有利於實現維護國家安全與尊重和保障人權之間的平衡，確實保障香港居民的權利與自由。《條例》在彌補香港特區維護國家安全制度缺口的同時，積極回應香港社會各界關於人權保障的合理關切，依法保護根據香港基本法享有的權利和自由，以及根據《公民權利和政治權利國際公約》和《經濟、社會與文化權利的國際公約》適用於特區的有關規定享有的各項權利和自由。

第一，在國家安全和人權保障的平衡中，對國家安全概念的清晰定義是十分重要的，否則會出現濫用國家安全概念的現象。為了保持國家安全概念的明確性與統一性，《條例》明確引述《國家安全法》第 2 條的規定，涵蓋國家政權、主權、統一和領土完整、人民福祉、經濟社會可持續發展和國家其他重大利益相對處於沒有危險和不受內外威脅的狀態，以及保障持續安全狀態的能力。《條例》在界定"非法操練"時，《條例》第 2 部明確列舉了四種行為類型，並前置了未經准許的形式要件。採用《國家安全法》上的國家安全定義，一方面明確了一國的國家安全只有國家統一標準，不能有地方標準，另一方面體現法律規範的明確性原則。相比之下，英國《2023 年國家安全法》並未對何為國家安全做出明確界定。在人權保障上，《條例》對有關規定和程序提出了更高的要求。根據英國《2023 年國家安全法》的規定，一定級別以上的警員可直接指令限制被羈留者諮詢律師的權利。而《條例》規定在限制被羈留者諮詢法律代表的權利時，警務人員須向裁判官申請手令。

第二，《條例》以明確的條文表述限定自身適用範圍，堅持普通法慣例，為社會公眾提供了清晰的行為指引。《條例》在罪名、量刑及標準、訴訟程序等規定中也力求尋求國家安全與人權保障的平衡。針對犯罪嫌疑人、被告人和其他訴訟參與人的辯護權和其他訴訟權利，《條例》給予了充分保障，並對特定罪行設定了明確的排除事項和抗辯理由，這些規定充分保護了居民依法享有的各項權利和自由。

第三，《條例》針對部分罪行設定了較高的入罪門檻，並就部分執法措施設置了嚴格的適用條件與程序控制，保障正常的商業行為與國際交往活動不受影響。如《條例》第 6 部在規定境外干預罪時，設定了配合境外勢力、使用不當手段和意圖帶來干預效果三個條件，只有三者全部符合才會觸犯境外干預罪，以免發生誤墜法網的情形。《條例》第 7 部規定禁止向潛逃者提供資金或處理資金，但這一措施僅限於金融機構在香港境內的行為。

第四，《條例》為部分罪行設定了包括重大公眾利益在內的抗辯理由，為言論自由等權利的實現提供充分保障。公眾諮詢期間有意見提出將維護公眾利益作為非法獲取、管有、披露國家秘密有關罪行的抗辯理由，《條例》第 4 部在審理涉及國家機密的部分罪行中有條件地引入這一抗辯理由，這有助於在國家安全和公眾知情權之間達成良性平衡。

第五，相較於其他普通法地區的國家安全立法，《條例》在"一國兩制"框架下，發展出安全與人權保障標準之間尋求平衡的新程序和機制。比如針對煽動意圖的相關罪行，《條例》第 3 部設置的最高刑期是十年，加拿大和美國的國家安全立法分別設定了十四年和二十年的最高刑期。此外，《條例》第 5 部將破壞電腦或電子系統罪的最高刑罰設定為二十年監禁，英國和加拿大的國家安全立法均設置了終身監禁的刑罰。

第六，《條例》嚴謹審慎的程序設計限制了執法機關的權力運作，防止公權力濫用。為了國家安全利益，依法適當強化執法權是必要的，但任何公權力，特別是執法權的行使應受到限制，並且執法活動要符合比例原則。根據《條例》第 7 部的規定，在限制被羈留者諮詢法律代表的權利時，警務人員須向裁判官申請手令。為了應對實施過程中可能遇到的新問題，《條例》第 8 部規定了行政長官訂立附屬法例的權力，這一權力的行使在程序上也受到限制，在內容上也不得超出《條例》限定的處罰種類及範圍。

第七，在公眾諮詢以及立法會審議時，積極回應公眾和議員圍繞安全與自由關係提出的合理關切，並通過修正案作出必要調整。如上述第四點中提到，《條例》在審理涉及國家機密的部分罪行中，有條件地引入將維護公眾利益作為非法獲取、管有、披露國家秘密有關罪行的免責辯護理由，確保受香港基本法和《公民權利和政治權利國際公約》適用於特區的有關規定所保障的言論、集會、結社、新聞、學術和科研等自由得以充分實現，包括新聞從業者以及科研人員在內的社會公眾將免於誤入法網。有議員針對"披露他人犯叛國罪"詢問如何處理法律界的保密條款，特區政府官員回應稱，法律服務過程受到法律專業保密權保障以及相關程序限制。

另外，《條例》充分保障在香港的金融、傳媒等各類非政治性組織的正常商業行為和國際交往需要，並訂立了清晰的入罪條件，為有關機構和組織提供明確的行為指引。針對大家關注的非法獲取、管有、披露國家秘密等罪行，《條例》既明確限定了入罪條件，又設定了必要的免責辯護理由，其中並不涉及正常的金融和商業活動。這些規定有助於為香港特區營造更加安定自由的營商環境，提升香港特區對世界各地資金和人才的吸引力。

《條例》堅持法治原則、遵循法定程序

法治原則是人權保障原則的基石，也是《條例》確立的重要立法原

則之一。《條例》明確清晰的規範文本與合理設定的免責辯護理由為公權力行使劃定了界限，為各項權利和自由的實現提供了保障。

保障國家安全必須在法治軌道上展開，《條例》制定過程嚴格遵照法定程序，充分匯集公眾意見，最大程度捍衛法治原則。在草擬《條例（草案）》過程中，香港特區政府展開公眾諮詢，邀請市民表達意見。在公眾諮詢期內，香港特區政府籌辦近 30 場諮詢會，包括本地和國際各界人士約 3000 人次參與其中。香港特區政府在諮詢期內共收到 13000餘份意見，其中超過 98% 的意見提出正面意見。針對這些意見，特區政府在細緻整理的基礎上做了針對性回應，並公佈於立法會網站。

《條例（草案）》刊憲以來，立法會嚴格遵照香港基本法和《香港特區立法會議事規則》規定的程序進行審議，立法會成員通過密集會議以及延長會議時間的方式保證審議的充分性。立法會法案委員會連同此前內委會為基本法第 23 條立法事宜成立的小組委員會共舉行了 25 次會議，詳細審議每一條文，提出超過 1000 條問題和意見，形成了 91 個修正案。在立法會審議過程中多次出現長時間審議單一條文的情況，花費超過半小時審議單一條文的情形比比皆是。最終，香港特區立法會在三讀程序中以全票通過《條例》。

根據《香港特區立法會議事規則》的規定，在負責《條例（草案）》的議員就二讀議案發言後須中止辯論，待預告期經過後方可恢復二讀程序，但立法會主席可以酌情免卻預告程序。為了在法治軌道上加快立法進程，立法會內務委員會支持保安局局長提出的豁免預告請求，立法會主席批准豁免申請後，二讀辯論隨即恢復。

此外，《條例》還體現出積極預防的法治觀念。在依法制止和懲治危害國家安全罪行的同時，《條例》遵循法治原則採取預防措施防範可能危害國家安全的威脅，對未來可能遇到的國家安全風險的防範也做了必要的規範設計，展現《條例》的前瞻性。

《條例》為普通法司法管轄區的國安立法提供香港經驗

如何平衡安全與自由關係是全球共同面臨的重大挑戰。國家安全是現代主權國家優先追求的目標，只有在國家安全得到保障的前提下，公民才能享有最基本的人權。如《公民權利和政治權利國際公約》規定為了公共利益和國家安全，可以依法限制公民的權利和自由。香港基本法第 39 條將人權法案作為香港居民權利和自由最重要的保障。人權法案不僅規定了權利，也規定了對權利的限制。只有極個別的權利是不可克減的，是絕對權利，大部分的權利是可以被限制的，權利與自由本身具有相對性。如香港基本法第 30 條規定，通訊自由和通訊秘密可因公共安全和追查刑事犯罪的需要而被限制。香港特區法院的不少判決也都適用過這些條款。因此，維護國家安全和人權保障並不衝突，只要限制是必要的，符合比例原則的，那麼可以將兩者納入到法治的框架之內。這是我們正確理解《條例》性質與功能的基本前提。

當然，國家安全與自由的平衡問題在世界各國，包括普通法管轄區屬於有爭議的議題，面臨不少新問題。作為"一國兩制"下特別行政區的《條例》，立法過程中並沒有迴避國際社會合理關切，通過具體條文的設計與原則，充分借鑒外國國安立法的經驗，為國際社會研究安全與自由關係提供了來自特別行政區的思考與經驗。國際社會應對此採取客觀、理性的立場，即便對《條例》的一些規定有疑慮、不理解，甚至不認同，也應開展建設性的討論，要相信香港法官在個案中的獨立裁判能夠保障安全與自由的平衡。

《條例》的生命重在實施

法律的生命在於實施，普通法的生命更在於實踐中不斷創造新的判例。如何尋求國家安全與自由的平衡並不是一個假設的或者理論的問題，要在《條例》實施過程中，特別是在具體的案件中，判斷什麼樣的國家安全利益受到侵害，什麼樣的個人自由受到限制，受到何種程度的限制，並在個案解釋中尋求國家安全和權利保障之間的合理平衡。《條例》刊憲後即成為本地法律，具有法律效力，並保持其權威。在諮詢和立法會審議時，大家都有權提出任何修改意見，甚至是反對意見。但一旦法律生效，我們需要尊重法律文本，以《條例》尋求共識，並共同努力實施好《條例》。

《條例》在實施過程中還需進一步完善繁複且富技術性的事宜，並在國家安全形勢以及社會發展發生變化的情況下持續完善，這可由特區政府以制定附屬法例方式完成。《條例》第 8 部限定了附屬法例規管事宜的範圍，《釋義及通則條例》明確規定附屬法例不得與任何條例的條文互相矛盾。

在香港特區的法律體系下，司法權對平衡安全和自由發揮著重要影響，法院需要在個案中防止有關例外情形和抗辯理由的規定轉變為維護國家安全的漏洞。目前，通過香港基本法與香港國安法的實施，香港法院已經建立了較成熟的法律解釋的方法論，有足夠的司法經驗適用本地《條例》，對此我們應該有足夠的信心。以公眾利益為例，法官需要結合個案嚴格判斷當事人提出的抗辯理由是否具備緊急性與明確性。此外，還需進一步判斷所提公眾利益與當事人對國家安全的威脅之間是否相稱，以免當事人濫用免責辯護理由逃脫法律制裁。

根據香港基本法第 17 條的規定，《條例》在公佈實施後須報全國人大常委會備案。全國人大常委會收到報送備案的《條例》後，交由有關工作機構依照法定職責和程序進行審查，適時向全國人大常委會報告備案審查工作情況。審查機關依法明確做出符合香港基本法的判斷，也是《條例》順利實施的重要保障機制。

歸根結底，《條例》真正發揮其實效性，有賴於立法、行政與司法機關依法履行職責，也依賴於香港社會形成尊法、守法、執法的社會共識。

原載《紫荊》雜誌，2024 年 4 月號

《維護國家安全條例》以高水平安全保障香港由治及興

◎ 支振鋒（中國社會科學院臺港澳法研究中心主任、法學研究所研究員）

　　3 月 19 日，香港特區立法會全票通過《維護國家安全條例》（以下簡稱 "條例"）。行政長官李家超當日在立法會會議上感慨，"這一刻，香港等待了 26 年 8 個月零 19 天"。這是香港法治史上具有里程碑意義的大事，不僅標誌著香港特區落實了基本法第 23 條規定的憲制責任，完善特區維護國家安全的法律制度和執行機制取得重大進展，更意味著社會長久的期盼得以滿足，香港由治及興得到更高水平的法治保障。

　　香港特別行政區完成了基本法 23 條立法的憲制答卷。香港特別行政區是根據憲法設立，而香港的基本法亦是根據憲法通過，其第 23 條規定了香港特別行政區應自行立法禁止危害國家安全行為的憲制責任。在國家安全問題上，中央承擔的是根本責任，而特別行政區承擔的是憲制責任。中央對香港特別行政區有關國家安全的事務擁有完整的立法權、執法權和司法權；但是考慮到 "一國兩制" 以及香港高度自治的實際情況，《香港基本法》以及《香港國安法》授權特別行政區承擔一些維護國家安全的職責。因此，雖然已有《香港國安法》的保駕護航，但基本法 23 條立法的憲制責任從未被免除，《香港國安法》亦並未涵蓋所有危害國家安全的情形，通過香港本地立法進一步完善法律制度和執行機制非常必要。

條例通過後，自《香港國安法》建立的"雙執行機制"得到進一步健全，國家安全漏洞得到更好的彌補。中央承擔著根本的責任，即一些兜底性的，特別行政區不便處理的，或特區沒有能力處理的，維護國家安全的問題，由中央來解決；特別行政區承擔一些維護國家安全的具體責任，從適用性上將《基本法》、《香港國安法》和《維護國家安全條例》維護國家安全的要求更好地執行與落地。

《維護國家安全條例》得到了香港社會強大的民意支撐。早在2月28日第23條立法公眾諮詢結束時，特區政府就收到了超過1.3萬份意見，其中超過98%給予支持與正面意見。這反映《維護國家安全條例》的制定是香港社會之所需，是香港民眾之所盼，關係到香港長治久安與繁榮發展的根本利益。在條例起草的過程中，香港特別行政區遵循法治精神，注重公開透明，動員公眾參與，促進了條例對居民意見廣泛吸納，保證了維護國家安全立法的質量，也為條例將來的落地實施提供了良好的民意基礎。

安全與發展是一對辯證關係，需要統籌考量，有機結合而決不能割裂。從國際上來看，任何國家或地區的發展都需要健全的安全法律體系和各領域配套的法律支撐。《維護國家安全條例》在進一步劃清國家安全紅線的前提下，充分考慮了香港高度自由開放、與國際社會聯繫緊密的實際情況，有力保障香港居民的基本權利、福祉、權益，對正當商業行為和國際交往提供了更加穩定和可預期的法治基礎，進一步提升和優化了香港的營商環境，這對於香港"八大中心"的建設至關重要，由此也以更高水平的安全為香港由治及興進一步築牢安全屏障。

國際社會上對香港 23 條立法的雜音、質疑甚至抹黑始終存在，但不難發現，即便那些頻繁對 23 條立法說三道四的國家，自身亦都有相對嚴格、健全的國家安全立法，以及配套的執行機制。可以說堅定保護國家安全，是全球大多數國家和地區的通行做法，是國際常識。為了保持香港普通法優勢，今次條例在制定過程中大量參考、借鑒了普通法國家法律制度的經驗，充分與國際社會、普通法國家接軌，而且對言論自由等人權保障都給予了更加充分的尊重與保障。

事實上，《維護國家安全條例》在人權保障上亦高於一般水準。例如：在美國和新加坡，對叛國罪的處罰都是死刑，而條例中相應罪行的最高處罰是終身監禁；涉及到一些具體犯罪行為，條例中的刑期往往是其他國家刑期的一半左右。香港維護國家安全條例重在維護國家安全，保障國家主權、安全、發展利益以及香港社會的長治久安和繁榮穩定，懲罰僅限於必要。因此對 23 條立法的雜音與質疑是罔顧事實、別有用心的。

長遠來看，新時代堅持和推動"一國兩制"的基本要求可以概括為 4 個方面：守住安全底線、構建開放體系、強化發展功能、不斷與時俱進。完成第 23 條立法後的香港守住了安全底線，同時也站在了新的起點，更需集中力量實現其他 3 方面的要求，不斷探索在"一國兩制"框架下安全與發展相互促進、彼此支撐之道，為香港尋找發展新空間和新動能提供更堅強的法治保障。

原載橙新聞，2024 年 3 月 21 日

《維護國家安全條例》立法保障香港由治及興

◎ 何建宗（一國兩制青年論壇創辦人兼主席、特首政策組專家組成員、
　北京市政協委員）

　　立法會於 3 月 19 日在全體 89 名議員的支持下，通過了《維護國家安全條例草案》，標誌著香港在回歸接近 27 年後終於完成了基本法第 23 條立法的憲制責任。然而，與此同時，《華爾街日報》卻在同一天發表題為《香港的大倒退》（Hong Kong's Giant Leap Backward）一文，聲稱該法案進一步 "剝奪了香港的民主自由"（eliminating freedoms），並使得香港成為了一個 "對外國企業、律師、記者以及本地公民來說更加危險的地方"（makes the territory a more dangerous place for foreign businesses, lawyers, journalists and especially local citizens）。這種說法不僅是對 23 條立法的不實指控，也再一次暴露了西方媒體 "雙標" 的虛偽面孔。

　　23 條立法的目的之一是抵制外部勢力對香港事務的干預，是為了維護香港的穩定和繁榮，以及保護國家的主權和尊嚴，並不會限制國際組織和團體合理表達對香港政策不同意見的權利，或阻止它們與本地機構、組織和人員進行合法、正當的交流。所謂 "剝奪自由" 之言無從談起。根據基本法第 23 條，"香港特別行政區應自行立法禁止任何叛國、

分裂國家、煽動叛亂、顛覆中央人民政府及竊取國家機密的行為"。維護國家的主權和尊嚴是每個國家的基本責任。西方國家如美國、英國、加拿大、澳洲及新西蘭都制定了維護國家安全的法律，並建立了相關決策和執行機構。23 條立法與國際慣例保持一致，是貫徹"一國兩制"最高原則的體現。

自 1997 年回歸以來，作為"一國兩制"政策下的特別行政區，香港憑藉其獨特的國際地位和法律框架成為內地與國際社會之間的橋樑。然而，2019 年修例風波暴露了香港在維護國家安全制度機制方面的短板，堵住國安漏洞迫在眉睫。香港是國家的一部分，任何干預香港事務的行為都是對中國主權的挑戰。因此，透過 23 條立法，可以有效維護中國的國家主權和尊嚴，並防止外部勢力對香港事務的干預，為香港在"一國兩制"框架下的長治久安、繁榮穩定提供了更加堅實的法律基礎。

此外，文章宣稱 23 條立法是"關押民眾的工具"（tools to lock people up），此種說法更是無稽之談。《維護國家安全條例》針對的是極少數危害國家安全的違法行為，其目的是保護絕大多數人的人權和自由。法律條文清楚明確，界定了罪行的要素，明確劃分了罪與非罪，同時規定了罪刑法定、無罪推定等原則。執法機關行使權力必須符合法定條件、遵循嚴格程序，並接受司法監督，以確保公眾合法享有各項權利和自由。23 條立法尊重並保障了人權，彰顯了法治文明的重要原則。

在罪行和處罰方面，這項立法體現了寬嚴而適度的原則。共列出了 31 項罪行，其中 9 項直接借鑒了"五眼聯盟"的相關立法經驗。這不僅顯示了對國際經驗的借鑒，也充分考慮了香港的實際情況，以確保法律的適用性和有效性。整個立法過程嚴格依照普通法和香港法治原則進行，並保障了公正、公平的司法程序。所有措施的出發點和落腳點都是為了確保香港的長治久安、繁榮穩定，全力促進香港的發展。

隨著《維護國家安全條例》於 3 月 23 日正式生效，基本法第 23 條將與《香港國安法》有機銜接，共同構築起特區維護國家安全的堅實屏障，保障香港全體居民的根本福祉，保護世界各地來港投資者的利益，確保"一國兩制"實踐行穩致遠。

原載橙新聞，2024 年 3 月 23 日

23 條立法是香港由治及興的法治里程碑

◎ 田飛龍（中央民族大學法學院副院長、全國港澳研究會理事）

　　香港 23 條立法延宕太久，一波三折，在 2024 年初以高質量、高效率方式完成，從結構上彌補了香港在國家安全上的法律漏洞，從政治上進一步擠壓了本土勢力和外部干預勢力破壞的活動空間，從法律上兼容、銜接和有效補充了《香港國安法》及本地法例，並通過大量研究、借鑒和轉化普通法適用地區國安立法與判例經驗，實現了與普通法體系的法理和制度溝通。本次 23 條立法因其科學性、民主性和制度規範的"普通法"屬性，而成為香港回歸以來本地立法史上的一個典範，成為香港法治進程的里程碑。

　　23 條立法可視為香港政治與法治進程的"硬核議題"。自 2003 年立法受挫後，歷屆特區政府對此議題都有所忌憚，雖聲稱肩負憲制性責任，但缺乏政治意願和能力實際重啟和完成。23 條立法完成必須具備如下條件：其一，中央層面的立法加持和強有力的政治支持，亦即若無先期制定的《香港國安法》，本次 23 條立法仍然很難闖關；其二，"愛國者治港"之管治體系與社會政治基礎的結構性鞏固和優化，因若缺乏社會支持和民意共識，23 條立法很可能半途而廢；其三，對外部干預的有效排除，這一排除當然與大變局及中央對港全面管治權有關，美西

　　　　　　　　　　　　四、學界解讀：國安人權　統籌平衡

方的代理人網絡遭到法律壓制，干預行為受到制約，話語權和煽動力出現短板。故 23 條立法成功本身就是"一國兩制"制度安全與中央管治權實效性、高度自治權自主性的體現，是"愛國者治港"綜合實力與效能的體現。

2024 年 3 月 19 日是個標誌性時刻，立法會全票通過法律草案。"全票"既是立法會愛國者政治本質的體現，也是香港社會對國家安全極高共識度與支持度的體現。立法審議過程也提出了數十項修正案，甚至有較為激烈的辯論，但沒有出現 2019 年之前立法會中的那種"惡意拉布"，沒有出現對國家安全的根本政治敵意和立法阻撓。完善選舉制度後，行政立法關係得到結構性改善，制約博弈焦點從政治阻撓轉向良性的政策理性辯論，這是香港民主文化與民主過程回歸理性的重要標誌。

3 月 23 日是一個更重要的標誌性時刻，《維護國家安全條例》刊憲生效，成為香港特區法律體系的有機組成部分，並與《香港國安法》構成完整的國安法網，香港"一國兩制"的制度根基得到進一步鞏固，香港法治權威性得到進一步增強。23 條立法是"一國兩制"制度體系的里程碑，也是"愛國者治港"的里程碑，更是中國與西方文明、制度競爭的里程碑。23 條立法是中國走向世界舞臺中央在香港這一平臺的文明綜合實力的展現。

對 23 條立法的本地民意接受和國際社會特別是西方的接受，是一個複雜的事件與過程。"一國兩制"下的香港，從西方影響力主導到中國影響力主導，從普選民主的議題聚焦到國家安全的議題聚焦，從“顏色革命”基地的西式建構到“愛國者治港”的本位建設，從“仰視”西方的價值與制度偏差到“平視”西方的身份與意義的重構，從“殖民史觀”疊加“本土史觀”的高度對抗性政治到“愛國愛港史觀”疊加“融合發展史觀”的良性互動性政治，香港的文化與制度跨度不可謂不大。這樣劇烈的文化與制度變遷，必然帶來人心與認同的震盪，以及西方體系的反彈甚至打壓。

愛國者及其背後的中國文化與政治背景，面對的是香港西化歷史中沉澱的西方價值觀與西方代理人精英網絡，23 條立法無論在 2003 年還是在 2024 年都是橫亙在二者之間的政治象徵物和法律標識物。2003 年立法受挫，其深層次含義在於愛國者及中國文明與政治力量不佔主導，香港儘管回歸，仍是西方影響力的場子，但 2024 年立法成功，則證明了愛國者與中國人主場時代的到來。這是中國民族復興與世界體系權力結構性轉移的一個縮影。

對 23 條立法的各種形式的批評，並無新意，是西方體系的本能反應，也是本土勢力的政治幽怨。香港的本土派並不習慣，更不接受中央的全面管治權和本地的愛國者治港，他們為了拒絕這一前途進行了兩場香港歷史上空前高漲的社會運動，即 2014 年非法“佔中”和 2019 年修例風波。兩場運動根源於對國家權力介入的恐懼和對香港政治演變方向的焦慮，他們僅僅聚焦本土價值和本土普選，堅決拒絕思考和承擔任何形式的國家安全義務，對國家缺乏底線忠誠和認同將他們引向了極端對抗的深淵。他們放縱且濫用了香港基本法賦予的自由以及中央權力高度節制給出的政治空間，他們突破了國家安全的底線和"一國兩制"的政治極限。

2020 年以來的一系列重要制度建設，即《香港國安法》、選舉制度改革、區議會改革、愛國者治港系列政策改革，以及本次 23 條立法，都是在清晰勘定"一國兩制"的制度安全邊界以及愛國者治港的具體制度形態。如今 23 條立法通過，統籌發展與安全，兼顧國家成文法和普通法，整合本地涉國安法例條文，一體考量和應對傳統安全和非傳統安全，大量引入普通法國家最新立法和判例經驗，這些嚴絲合縫的立法大動作，要建立的正是香港繁榮穩定的長期制度基礎，也是為香港營商環境、自由權利、民主運行、文化改良、社會和諧提供可依賴的安全基礎。如果沒有 23 條立法的周全保障，香港發展的制度風險點和衝突點仍然難以消除，且可能落後於世界多數司法管轄區的國安法制。有了 23 條立法，香港的法治與發展才能從此高瞻遠矚，行穩致遠。

立法已經通過，香港邁入由治及興的新階段。普法工作不容忽視，因香港民眾、外國投資者、國際社會對該部法律的具體內容、影響及威力還存在太多的誤解或不利猜測，需要足夠權威和可持續的法律資訊與普法溝通來釋疑解惑。應對美西方非法干預制裁的心理建設和反制工具準備也不容忽視。美國的《香港政策法》最新年報即將公佈，美國涉港制裁的《香港制裁法案》《香港經貿代表處認證法案》箭在弦上，美西方還可能醞釀並協同推出新的制裁打壓香港的法案或行政措施，並在國際社會竭力污名化"一國兩制"和香港發展前景。這些都是香港特區政府與香港社會在後立法時代需要特別關切和應對的,也是中央政府需要共同面對和提供保護與支持的。

2024年是百年未有之大變局深刻演變的關鍵年份,也是美國總統大選年,"香港牌"必然再次成為焦點,香港的國際金融中心地位如何波動與維護,香港法治與司法獨立如何保持,香港融入發展與全球化發展如何平衡,香港政治社會的和解團結如何突破,香港民主法治體系如何展現良政善治新格局,香港經濟民生如何補足"績效合法性"並支撐港式賢能政治深化建構,這些都需要愛國者與愛香港、愛"一國兩制"的各方力量群策群力,集思廣益,共同破解,打造香港美好未來。

原載《三地學者全方位解說23條立法:這是世界體系權力結構性轉移的一個縮影》,觀察者網,2024年3月24日。為田飛龍教授組織的關於23條立法的筆談交流會其中一篇

香港國安立法不會損害自由權利

◎ 李曉兵（南開大學法學院副教授）

　　對於 23 條立法，此前一直有聲音擔心會侵犯公民言論自由、集會自由，也有聲音擔憂如何定義洩露國家秘密、顛覆國家罪，在具體執行過程中的空間和爭議都很大。這種擔憂並無必要。

　　關於自由權利和國家安全之間的關係，我們要看到它們之間的這種衝突實際上是不存在的。因為國家安全的法律制度是底線，那麼言論自由、集會自由的實現是以不危害國家安全為前提，不能把這個言論自由和集會自由當成一種絕對權利。在"一國兩制"實踐過程中，自由和秩序之間要保持基本的平衡，在常態化和非常態化下，這種平衡也是一種動態的平衡，需要國家安全立法來予以明確和保障。

　　在實踐中，如果我們能夠非常遊刃有餘地、非常成熟地來解決自由權利和國家安全之間存在的一種緊張關係，那麼這種衝突將不會存在。如果發生衝突的話，那就是我們對於自由權利行使和國家安全保障的認識出現了偏差。所以只要我們對於言論自由、集會自由等公民的基本權利和自由的保障以及維護國家安全有深刻的認識，那麼這種衝突、這種矛盾也就不復存在。之所以存在，一定是我們的認識、我們的實踐還不夠成熟。我們可以通過實踐中一些典型案例的處理來進行探索、積累經驗，我們要在理論上深化對於自由和秩序、國家安全之間關係的認識。在這個問題上，我們的認識要更加的理性、更加的深刻、更加的成熟。

2004 年，我們國家第三次修改現行憲法的時候已經把"把尊重和保障人權"寫入憲法了，今年正好是人權入憲 20 週年。在人權入憲 20 週年之際，香港特別行政區《維護國家安全條例》通過，並刊憲生效實施，實際上就是表明，我們要尊重憲法所規定的尊重和保護人權的原則，23 條立法的精神和憲法的規定必須是一致的。全國人大常委會制定的《香港國安法》，其總則部分也明確規定，香港特別行政區維護國家安全應當尊重和保障人權，依法保護香港特別行政區居民根據香港特別行政區基本法和《公民權利和政治權利國際公約》《經濟、社會與文化權利的國際公約》適用於香港的有關規定享有的包括言論、新聞、出版的自由，結社、集會、遊行、示威的自由在內的權利和自由。

這次香港特區《維護國家安全條例》的制定過程中也高度重視人權的保障。尊重和保障人權是被作為國安條例的基本原則在前面部分予以明確規定，同時還規定了罪刑法定、無罪推定、正當法律程序、一事不再理等法治原則。

尊重和保障人權這一基本原則和維護國家安全二者是不衝突的。國家安全立法是劃定紅線和底線，構建一個維護國家安全的法律制度攔網。每一個香港同胞根本不用擔心，因為有了這個法律制度攔網，有了這個紅線和底線，我們就知道我們的行為的邊界在哪裏，我們在日常的生活、工作、學習中就不會去主動觸碰這個紅線和底線。

另外，有了這樣一個法律制度攔網，有了法律上的紅線和底線，實際上是為"一國兩制"實踐的行穩致遠和香港特區的繁榮穩定保駕護航，所以這跟人權保障之間更是不存在衝突的。我們是在保障尊重和保障人權的原則下進行立法，我們也一定要在尊重和保障人權的原則下來實施這個法律。社會上之所以存在聲音說維護國家安全和保障人權之間有衝突，其中有誤解誤讀的因素，也有故意帶偏社會輿論的操作，還有就是國際上的一些反對聲音。這些雜音是對"一國兩制"實踐進行污名化、妖魔化的習慣性操作而已，可以說是居心叵測、信口雌黃、混淆視聽，以此來製造輿論、誤導民眾。

> 原載《三地學者全方位解說 23 條立法：這是世界體系權力
> 結構性轉移的一個縮影》，觀察者網，2024 年 3 月 24 日。
> 為田飛龍教授組織的關於 23 條立法的筆談交流會其中一篇

23 條立法是對《香港國安法》的有效銜接

◎ 康玉梅（北京外國語大學法學院副教授）

2024 年 3 月 19 日，《維護國家安全條例》在香港全票通過，基本法第 23 條立法歷經 27 年終於落地生根，香港跨越了歷史性的一步。至此，2020 年 6 月 30 日生效的《中華人民共和國香港特別行政區維護國家安全法》（以下簡稱《香港國安法》）與即將刊憲的《維護國家安全條例》（以下簡稱 "23 條立法"）共同構築起了香港國家安全法治屏障。在 "一國兩制" 體制下，《香港國安法》與 23 條立法的關係主要包括以下層面。

首先，從效力等級上看，二者是上位法和下位法的關係。《香港國安法》由第十三屆全國人大常委會第二十次會議通過，按照《中華人民共和國憲法》和《中華人民共和國立法法》的規定，它屬於 "法律" 中 "基本法律" 以外的 "其他法律" 位階。而 23 條立法由香港特區立法會通過，屬於基本法中的 "條例"，位於《立法法》中 "地方性法規" 的級別。因此，從效力等級上看，《香港國安法》是高位階的法律，23 條立法是相對低位階的條例或法規，它們是上位法和下位法的關係。

其次，從調整範圍來看，二者是全國性法律與地方性法律的關係。儘管《香港國安法》主要是針對香港國家安全的立法並已列入基本法附件三，但它涉及中央和香港的憲制責任與職權分工，效力及於整個國家，仍然是一部全國性的法律。顯然，23 條立法主要是香港本地落實國家安全的立法，效力僅及於香港特區，是一部地方性法律規範。

最後，從內容來看，23 條立法既是履行基本法規定的憲制責任，也是對《香港國安法》的細化落實和延續銜接。《香港國安法》主要從總體安全觀的前提和要求出發，規定了香港在維護國家安全方面的職責和機構、四類危害國家安全罪行（包括分裂國家罪、顛覆國家政權罪、恐怖活動罪、勾結外國或者境外勢力危害國家安全罪）和相應的處罰，以及中央駐港安全機構等問題。但 23 條立法在弁言部分就直接表明，本條例是為了落實憲法、基本法和《香港國安法》等相關法律、決定和解釋關於特區履行維護國家安全憲制責任和完善國家安全法律的要求。因此，23 條立法不僅從內容上完善了《香港國安法》的四類犯罪的規定，而且包括了《香港國安法》中未涉及而又獨屬基本法第 23 條規定的叛國、煽動叛亂、竊取國家機密等罪行，處理了二者之間有部分交叉重疊的、與境外干預危害國家安全活動相關的罪行，並作出了程序上如何執行的具體規定，實現了與《香港國安法》很好的銜接協調和在本地的落地生根。同時，就全國人大常委會關於《香港國安法》最新的解釋（2022 年 12 月 30 日），23 條立法也在程序規定中進行了吸納完善，並進一步對本地相關立法進行修訂，實現了香港國安法律整體上的協調統一。因此，即使已有《香港國安法》，23 條立法不僅"應當"，而且"相當必要"。

> 原載《三地學者全方位解說 23 條立法：這是世界體系權力結構性轉移的一個縮影》，觀察者網，2024 年 3 月 24 日。為田飛龍教授組織的關於 23 條立法的筆談交流會其中一篇

23 條立法順利完成特區憲制責任

◎ 夏璐（中國人民大學臺港澳研究中心研究員、國家發展與戰略研究院研究員）

　　香港基本法第 23 條是有關國家安全的條款，約定特區政府應自行立法禁止七類危害國安的行為，但 1997 年香港回歸以來一直未能實現，所以才有學者指出香港經歷了 26 年才完成了這項任務。具體而言，基本法第 23 條所列出的危害國家安全的行為包括：叛國、分裂國家、煽動叛亂、顛覆中央人民政府、竊取國家機密、外國的政治性組織或團體在香港進行政治活動，以及香港的政治性組織或團體與外國的政治性組織或團體建立聯繫。

　　2002 年香港首任行政長官董建華啟動本地立法，但諮詢期不足，而條例草案字眼被指模糊嚴苛，在 2003 年引發了數十萬人上街的"七一遊行"，其後代表商界利益的建制派力量沒有堅持到底，使政府未能在立法會取得足夠票數，最終撤回草案。從此，基本法第 23 條的本地立法成為政治上的"燙手山芋"，歷任四名特首都未能完成這項"憲制責任"。

　　中共十八大以來，尤其是 2014 年中央成立國家安全委員會並提出"總體國家安全觀"以來，國家安全等諸多問題被提升至戰略高度，成為與發展並重的提法。這些都為《香港國安法》和《維護國家安全條例》提供了頂層設計、政治方向和立法原則。

《香港國安法》是 2020 年全國人民代表大會常務委員會制定的全國性法律，是中央因應香港局勢，為維護國家安全而進行的立法。《維護國家安全條例》是香港特區立法會的本地立法，是履行基本法中明文規定的"憲制責任"。二者雖然分屬不同法系，但是立法過程均符合法定程序，內容上互為補充、互為支撐，目的都是打擊香港極少數危害國家安全的行為和活動，保障香港本地絕大多數市民的安全和依法享有的各項權利和自由。這兩部法律文件的制訂和頒佈很好地體現了"一國兩制"的原則，必將為香港法治建設堵塞漏洞、補上短板，將這個困擾香港 27 年的問題畫上句號，為香港安全穩定築牢屏障，為香港由治及興提供支撐，為"一國兩制"行穩致遠保駕護航。

原載《三地學者全方位解說 23 條立法：這是世界體系權力結構性轉移的一個縮影》，觀察者網，2024 年 3 月 24 日。為田飛龍教授組織的關於 23 條立法的筆談交流會其中一篇

《香港國安法》與《維護國家安全條例》相輔相成

◎ 冷鐵勛（澳門理工大學 "一國兩制" 研究中心主任）

　　維護國家主權、安全和發展利益是 "一國兩制" 方針的最高原則。在 "一國兩制" 下，對與香港特別行政區有關的維護國家安全事務，中央負有根本責任，香港特別行政區則負有憲制責任，兩種責任是有機統一、缺一不可的。《香港國安法》的制定，是全國人大及其常委會為緊急應對近年來香港所凸顯的國家安全風險而行使法定職權所作出的決策和處理行為，擔當的是中央維護國家安全的根本責任，但這並不能免除香港根據基本法第 23 條所負有的維護國家安全的憲制責任，即應自行立法禁止有關危害國家安全的行為和活動。而且《香港國安法》僅就基本法第 23 條涉及的部分嚴重罪行作出規制和懲治，香港特別行政區仍應自行立法禁止其他危害國家安全的行為和活動。同時，在世界百年未有之大變局下，香港面臨的內外國家安全風險無日無之且錯綜複雜，要有效防範和化解國家安全風險，就必須以預防為主，加強制止和懲治力度，加快建立健全維護國家安全的法律制度和執行機制。

　　正是在這樣的新形勢和新要求下，《維護國家安全條例》應運而生，從而補齊了香港本地維護國家安全法律領域中極為重要和關鍵的一塊短板。由此看來，香港為履行基本法第 23 條規定的憲制責任而制定

　　　　　　　　　　　　　　　　四、學界解讀：國安人權　統籌平衡

的《維護國家安全條例》，絕不是可有可無，它與《香港國安法》相輔相成，共同致力於維護與香港特別行政區有關的國家安全。對此，《香港國安法》第 7 條明確規定，香港特別行政區應當盡早完成基本法規定的維護國家安全立法，完善相關法律。因此，完成維護國家安全的基本法立法，是基本法和《香港國安法》對香港特別行政區的法定要求，也是香港特別行政區的法定職責。而且即使制定《維護國家安全條例》後，也不意味香港在完善維護國家安全法律制度方面就一勞永逸，仍需根據新情況不斷健全維護國家安全體系。

總之，作為在香港適用的全國性法律的《香港國安法》，以及作為基本法第 23 條所要求的香港本地立法的《維護國家安全條例》，兩部法律的制定都是建立健全香港特別行政區維護國家安全的法律制度和執行機制的內在要求和現實需要，是中央依法行使權力和香港特別行政區履行主體責任有機結合在維護國家安全領域的生動體現。

原載《三地學者全方位解說 23 條立法：這是世界體系權力結構性轉移的一個縮影》，觀察者網，2024 年 3 月 24 日。為田飛龍教授組織的關於 23 條立法的筆談交流會其中一篇

23 條立法標誌香港法治完善

◎ 楊明勛（澳門大學濠江學者計劃博士後研究員、皖臺融合發展研究中心特邀研究員）

　　基本法第 23 條立法是中央要求港澳履行憲制責任的法治任務，中央仍保留對國家安全事務的主導權、主動權。基本法第 23 條立法在立法政策和立法技術上，在香港和澳門兩個特區呈現出相同的法治路徑，都是由中央全面管治權授權港澳兩地實施地方立法，通過港澳高度自治權完成維護國家安全的立法工作。由於香港反對派長期惡意拖延第 23 條立法，中央在 2019 年暴亂事件後不得不為 "止暴制亂" 提供法源基礎支撐，制定《香港國安法》，但並不免除香港本地立法責任。

　　香港回歸後實施的 "一國兩制" 本質上並未擁有完整的法制結構，基本法第 23 條立法直到今年才填補上這一法治空白。由於維護國家安全的立法進程受到境外敵對勢力和本地亂港分子的惡意干擾，香港多次大型暴亂和社會抗爭事件都聚焦於抵制維護國家安全法律的辯論，甚至釀成大規模煽動民眾參與暴動，對抗公權力執法。"一國兩制" 為中國香港帶來別於祖國內地的政治生活上的差異，中國香港市民在享受資本主義的生活方式之時，不能忘卻背後有祖國的堅強支持。同為中華民族成員一份子，香港不應缺席參與國家安全建設。

　　只有在維護國家安全的前提下，才有高度自治的不斷完善和優化，才能發展具有香港特色的政治新局。特區行政長官和立法會實施普選是基本法制定時中央的莊嚴承諾,但堅決維護國家安全、堅持"愛國者治港"、逐漸豐富高度自治內涵,是完善特區選舉制度的前提條件。從比較政治和比較法的方向檢視,沒有哪一個國家不以"愛國者"作為管治隊伍。在香港,情況更為複雜。由於歷史因素和基本法的規定,持有外國護照或外國公民身份的香港永久居民,也有權參與特區政治;換言之,向外國憲法和外國政府效忠的香港永久性居民,在香港管治團隊中扮演一定角色。香港未來針對公務員的國家忠誠測試,要有新的方式方法,切實甄別愛國者,把不愛國者從特區政府中淘汰出去。特區政府近年僅僅解僱不願意效忠基本法和香港特區的公務員,而更深層次地識別是否存在宣誓效忠的"兩面人",也是需要考慮的問題。

香港國家安全隱患仍在,基本法第 23 條立法只是法護香江的開始,應保持審慎務實的心態加以面對。有觀點認為立法後就可以完全投入經濟發展,而忽略了總體國家安全觀指導下的國家安全建設並非一朝一夕可以克竟全功。對香港社會宣傳國家安全有關政策,呼籲市民支持政府執法;推廣愛國主義教育,提升香港居民對於憲法和基本法的法治意識;進行國家安全教育,提升香港居民國家安全憂患意識,主動參與國家安全建設,這些都是基本法第 23 條立法後仍有待持續深化的課題。

原載《三地學者全方位解說 23 條立法:這是世界體系權力結構性轉移的一個縮影》,觀察者網,2024 年 3 月 24 日。為田飛龍教授組織的關於 23 條立法的筆談交流會其中一篇

"香港國安條例令香港內地化"存在雙重悖論

◎ 孫成（深圳大學港澳基本法研究中心副教授、全國港澳基本法研究會理事）

2024 年 3 月 19 日，香港立法會全票通過《維護國家安全條例草案》（以下簡稱"國安條例"），這標誌著特區政府積極落實了香港基本法第 23 條規定的憲制責任，有效彌補了特區維護國家安全制度機制的漏洞和短板。在該法公共諮詢以及後續立法審議階段，香港社會支持和理解的意見佔據主流，當然美西方國家一些政客和反中亂港勢力的干擾阻撓、污衊造謠也不絕於耳，他們持續對該法予以抹黑，其中一個比較有迷惑性的論述是認為"《國安條例》會將令香港內地化"，所言者貌似言之鑿鑿，實則自相矛盾。

第一，內地化迷思是對"一國兩制"精神的誤讀。 從歷史上看，早在中英關於香港問題展開談判之時，是中央政府而非英國政府提出了"一國兩制"的方案。近年來，儘管香港出現了各種動盪風波，國家主席習近平還是反覆強調，"一國兩制"這樣的好制度，沒有任何理由改變，必須長期堅持。由此可見，中央政府的決定是堅定不移的。但"內地化"的問題之所以會隔三差五被提起，源於始終有少數人帶著政治偏見去看待"一國兩制"，在他們看來，"一國"愈虛愈好，"兩制"愈實愈好，其真實的意圖就是讓"香港成為一個獨立的政治實體"。2020年《香港國安法》以及此次國安條例的出臺徹底打破了他們的"港獨幻夢"，他們就轉而煞有介事地把所謂"內地化"的問題提出來，試圖以此模糊焦點。實際上，維護國家安全是世界各國的通行做法，很難想象哪一個國家會放任顛覆國家政權、分裂國家的言行在其國內大行其道。因此，如果一定要歸納國安條例對香港的影響，那也絕不是"內地化"，而是讓香港"正常化"。

第二，內地化迷思是對國安條例內容的無視。法律是一套規則體系，任何對法律的評價都需要結合具體規則的制定與內容進行分析才有價值。觀察此次國安條例的制定過程，特區政府提供立法文件進行公共諮詢，之後由行政長官會同行政會議審議同意條例草案，最後由香港立法會予以審議通過，整個立法權的行使都在特區內部完成，何來"內地化"之說？接著觀察國安條例的具體內容也可發現，超過半數的罪名在《刑事罪行條例》、《社團條例》與《官方機密條例》等本地法例中原本就存在，其中關鍵概念的定義也得以延續。這些立法最早都是在港英時代訂立的，對其加以完善若被解讀為"內地化"，邏輯何在？至於國安條例新增的內容，也並非照搬內地的相關立法，而是充分借鑒了其他國家特別是普通法地區相關立法的最新成果，比如"境外干預""危害國家安全的破壞活動""域外適用性"等問題主要參考的就是《2023年英國國家安全法》《2018年澳洲國家安全立法修正案（間諜活動及外國干預）法》《2017年加拿大國家安全法》等。如果把這些與國際通行做法及規則相接軌的立法內容指責為"內地化"，讓上述西方國家情何以堪？

　　總而言之，"香港國安條例令香港內地化"完全是一個子虛烏有的假命題，其目的是傳播一種"香港今不如昔、光輝不再"的情緒，這些危言聳聽的說法如果不是無知就是惡意的誤導。眾所周知，與香港一樣，紐約、倫敦、東京和新加坡都屬於國際金融中心城市，但與香港不同的是，其他四個金融中心所屬國家在很早就訂立了數量龐大、覆蓋廣泛的國家安全立法，恰恰是這些立法所提供的"法治確定性與社會穩定性"奠定了這些金融中心穩步發展的前提。橫向對比就可發現，香港社會事事追求"國際標準"，但對過去在國家安全立法方面長期存在的明顯缺失卻不自查，最終釀成 2019 年的修例亂局。特區政府痛定思痛，此次在遵循"金融中心法治建設的國際標準"原則下制定的香港國安條例，可謂是踐行"一國兩制"精神的典範立法，相信定能有助於香港開啟由治及興的新篇章。

原載橙新聞，2024 年 3 月 22 日

立法民主公開　體現高水平

◎ 劉林波（北京市社會科學院國際問題研究所助理研究員）

　　《維護國家安全條例》日前在立法會全票通過，香港履行憲制責任。該法立法過程民主、公開、審慎、完備，未跳過、缺漏任何法定程序，經過了首讀、法案委員會審議、二讀、三讀等環節，整個立法進程體現出民主、公開、審慎、完備等特點，根本不存在反中亂港分子、外國政客和媒體所稱的"立法倉促"問題。

　　第一，公眾諮詢廣泛、深入，聽取真實意見。此次香港國安條例立法雖然只進行了 30 天的公眾諮詢，但香港特區政府籌辦了近 30 場諮詢會，向各界別人士（包括外國駐港領事及商會代表）解說立法諮詢文件的主要內容，取得不錯的溝通效果，公眾諮詢結束後，共收到 13,000多份意見，樹立了民主立法的典範。從比較的視角可以更清晰看到香港此次立法公眾諮詢的成效，英國《國家安全法案》雖然進行了 70 天的公眾諮詢，卻僅有 208 個組織或個人回應了諮詢。

　　第二，此次立法各環節的立法程序走全、走足。從比較的視角，可以看到香港國安條例立法程序完備的難能可貴。美國的立法程序中有一個"暫停適用議事規則"，這是一項較快速的程序，一般適用於兩黨共識度較高的法案，一旦採用該規則，辯論時間將限制為 40 分鐘，不得提出修正案，且需獲三分之二的多數票才能通過。3 月 13 日，美國眾議院就採用“暫停適用議事規則”，以 352 票對 65 票通過了《保護美國人免受外國對手控制應用程序侵害法案》，打壓短視頻應用 TikTok。香港國安條例的社會共識度很高，在法案公眾諮詢期間特區政府收到的 13000 多份意見中，98.6% 是支持和正面意見。立法會議員對香港國安條例的共識度也很高，法案二讀、三讀階段發言的 88 名議員都支持立法，最終法案也以全票獲得通過。立法會加開會議審議法案也是有明確的法律依據，根據《香港特區立法會議事規則》第 15 條規定，立法會主席須應行政長官的要求召開立法緊急會議。3 月 7 日，在將《維護國家安全條例草案》提交立法會審議時，香港特區行政長官就提出了從速審議法案的建議。

第三，此次立法，立法會議員有充分表達意見的機會。在整個法案審議過程中，不存在為了求立法速度快，限制立法會議員對法案發表觀點的問題。法案委員會連開 7 天會議，完成了對《維護國家安全條例草案》181 個條文的逐條審議。法案的二讀辯論歷時 7 個小時，除立法會主席按慣例不發言外，其餘的 88 名議員均獲發言。法案三讀期間，88 名議員也均進行了發言。

第四，立法會對法案的審議是審慎負責的實質性審議。《維護國家安全條例》的審議過程全程網上直播，公開透明。在法案的各個審議階段，立法會議員都以高度負責的精神履職，在法案委員會審議階段通過了 40 條修訂，在二讀階段通過了 91 項修正案。這麼多修訂、修正案表

四、學界解讀：國安人權　統籌平衡

明，立法會議員對香港國安條例的審議不是走過場，而是審慎負責的實質性審議，是十分難得的高水平立法。

原載《文匯報》，2024 年 3 月 23 日 A18 版

恪守法治　高質典範

曲解國安條例　西方抹黑徒勞

◎ 江樂士（英籍）（前刑事檢控專員）

　　立法會於 3 月 19 日通過《維護國家安全條例》，西方反華勢力隨即口誅筆伐，其造謠抹黑手段令人咋舌，對條例提供的充沛人權保障措施視而不見，所謂"損害人權""違背國際義務"的指控完全站不住腳。有外媒甚至針對條例內的"隱匿叛國罪"危言聳聽謂："若天主教神父對涉及叛國的告解內容知情不報，會面臨起訴"。

　　事實上，普通法中的"隱匿叛國罪"自 1840 年代已納入香港法例，生效以來未曾有神父被起訴。"隱匿叛國罪"也未曾與天主教教規中的告解保密制有抵觸。綜觀世界其他地區，"隱匿叛國罪"在普通法地區已有數百年歷史，也未有記載有神父因為遵守教規的告解保密制而被起訴。

國安條文全面保障人權

　　而且，為免香港國安條例被濫用，條例規定律政司司長先要仔細審視每宗國安案件，是否證據充足、符合公眾利益，之後才發出書面同意，授權政府以國安罪行提出檢控。條例設有周全的人權保障措施，比其他普通法地區的做法走得更前。香港國安疑犯的權利受香港國安條例、基本法和《香港國安法》三重保障。《香港人權法案條例》把《公民權利和政治權利國際公約》納入基本法第三十九條，此做法延伸至香港國安條例，保障被告無罪推定、辯護、聘請律師、傳召證人、質疑控方等的權利。此外，《香港國安法》的保障人權條款也適用於《刑事罪行條例》的煽動叛亂和叛國罪，以及香港國安條例。

《香港國安法》第四條也規定："香港特別行政區維護國家安全應當尊重和保障人權"，依法保護《公民權利和政治權利國際公約》賦予港人的權利和自由；第五條也規定："任何人未經司法機關判罪之前均假定無罪。保障犯罪嫌疑人、被告人和其他訴訟參與人依法享有的辯護權和其他訴訟權利"。

由此可見，香港法律，包括《香港國安法》和香港國安條例，一直都重視人權，各項法律對人權的保障條款有多項重疊，加強了以人權為先的立法精神。在審理國安案件時，檢控人員會和其他普通法地區的同業一樣，斷定案件有合理機會達至定罪並且符合公眾利益，才會對被告提出檢控。在審訊過程中，他們必須在法官面前排除案件的一切合理疑點，方有機會令被告入罪。被告一旦被定罪，可依據《香港人權法案條例》第十一條向上一級法庭申訴。換言之，刑事司法制度數十年來所樹立的公平審訊和保障條款，也適用於國安案件的被告。

基本法第六十三條規定律政司的刑事檢察工作不受任何干涉，第八十五條指出香港法院"獨立進行審判，不受任何干涉"，而香港國安條例也遵循相同原則。此舉是向外界證明，司法機構將會以審理一般刑事案的方式處理國安案件，而檢控人員也會一如以往獨立行事，判斷是否會對國安疑犯提出檢控。

西方越是抹黑　越顯國安條例有效

西方反華勢力冥頑不靈，抹黑香港的維護國安法律制度和執行機制，他們自己國家的國家安全法例卻嚴重欠缺人權保障措施。英國去年才通過的《國家安全法案》便是一個典型例子。西方充滿虛偽雙標，是徹頭徹尾的惡意誹謗。

反華勢力企圖妖魔化香港國安條例以達成自己的政治目的，希望藉此阻攔"一國兩制"行穩致遠，打壓中國發展。香港國安條例生效後，反華勢力竭力抹黑，是因為他們企圖干預香港內部事務的如意算盤已打不響，陰謀無法得逞，更顯條例有效維護國家安全，保障香港有序繁榮發展。條例周全保障人權，是香港刑事司法系統的重大得益，有力反駁了西方的惡意抹黑，釋除外界疑慮。香港國安條例無疑向外界樹立典範，那些聲稱維護人權自由的西方國家應要借鑒。

原載《文匯報》，2024 年 3 月 26 日 A17 版。
英文原文載於《中國日報》（*China Daily*）

"附屬法例" 是普遍做法　不會超越主體法例規定

◎ 湯家驊（香港資深大律師、行政會議成員、民主思路召集人）

　　《維護國家安全條例》日前獲全票通過。自諮詢期間至立法會審議法例，社會氣氛比較平和，討論也較為理性和有建設性。唯獨當議會完成審議工作，特區政府回應議員建議提出一系列有關附屬法例的修正案時，又引起香港社會、傳媒及國際社會較為廣泛的關注。

　　有道修正案引起社會較大關注的主要原因，是修正案提及行政長官會同行政會議可訂立維護國家安全附屬法例，內容涉及香港國安法第五章 "關乎中央人民政府駐香港特別行政區維護國家安全公署的職責的條文"。香港國安法第 54 條提及駐港國家安全公署有權採取必要措施，加強對外國和國際組織駐香港特別行政區機構、在香港特別行政區的外國和境外非政府組織和新聞機構的管理和服務。特區政府提出的修正案引起部分人的遐想，例如是否授權特首會同行政會議增強在香港國安法第五章下駐港國家安全公署的權力和執法範圍。

　　從某角度而言，社會和外界的關注是可以理解的，甚至是可以預見的，但這亦突顯了一般人對附屬法例的本質和效力範圍存在相當程度的誤解。

　　首先，附屬法例無論在普通法或大陸法國家或地方均是一種頗為普遍的次要法例。基本法第 56 條確認特首會同行政會議可制訂附屬法規，第 62 條亦明確確認特區政府職權包括議訂及提出附屬法規。

一般附屬法例乃由立法機關授權行政機關，就執行法律上制訂某些便利執法的詳細規則，但這些所謂次要法規並非主體法例，其本質及應用範圍亦受到法律上之明確規範；例如在《釋義及通則條例》下，第 28 條規定附屬法例不得與任何條例的條文互相矛盾。

根據過往的案例，此條文意義包括附屬法例不能超越主體法例的權力範圍和法律效力。附屬法例一般雖然制訂後具即時法律效力，但仍須經過立法會審議。《釋義及通則條例》第 34 條便明確規定須獲立法會批准，而立法會亦可藉決議將該附屬法例全部或部分修訂。

只制訂細節　不增設罪行

由此可見，我們不可忽視幾點重要原則：一、附屬法例除可就遵守規例施行刑罰外，不能增設主體法例沒有的主要罪行；二、一般附屬法例只能制訂一些行政措施和細節，藉以體現及執行主體法例下的法律條文，而不能超越主體法例所制訂的所有事宜。

除此之外，還有三點在《維護國家安全條例》下必須注意的：一、所有在條例下制訂的附屬法例均需受制於主體法例第 2 條所談及的尊重個人權利及法治原則的條文；二、由於特區法例不能凌駕於屬全國性法律之《香港國安法》，因此特首會同行政會議所制訂之附屬法例更不能超越《香港國安法》第五章之明確條文，或與其產生任何矛盾；三、法庭可經司法覆核廢除違反以上原則之附例。

　　由此可見，社會包括傳媒和國際社會對特區有關制訂附屬法律之修訂案，毋須存有任何疑慮或恐慌。附屬法例的功能只在乎填補運作細節之法規，而並不存在設立一些未經立法會批准和同意的額外維護國家安全的主要法律條文。希望大家對特區政府提出有關制訂附屬法例的修正案大可釋疑和放心。

原載《大公報》，2024 年 3 月 25 日 A10 版

《維護國家安全條例》科學完備剛柔相濟，樹立普通法世界高質量立法典範

◎ 吳英鵬（香港執業大律師、選舉委員會委員、廣東省政協委員）

　　本次 23 條立法充分尊重和反映"一國兩制"的實踐規律。《維護國家安全條例草案》的提出和修訂凝聚了各界的經驗智慧和強大民意共識，並且經過了嚴謹和科學的立法程序，充分體現了民主立法和科學立法的相互結合，本次立法產生了科學完備、剛柔相濟的成文法例，樹立了高質量立法的典範。以下，筆者將從犯罪和刑罰兩方面談談《維護國家安全條例》的科學性和先進性，重點分析《維護國家安全條例》在刑罰方面所體現出的人道和輕緩的刑罰精神。

　　在罪名和犯罪構成的設置方面，《維護國家安全條例》清晰訂明了構成犯罪的各種元素，同時也列明了不構成犯罪的情況，並且提供了適當的辯解理由，明確了罪與非罪的界限。特別是，《維護國家安全條例》還考慮到社會不同行業的具體情況和現實需求，例如考慮了新聞傳媒行業的特殊性，允許將公眾利益作為侵害國家秘密類犯罪的辯護理由，平衡了公眾知情權與保守國家秘密之間的價值衝突；又例如，考慮到香港作為國際金融中心需要保持高度開放和營商自由，為了保護合法的非政治性組織（特別是商業機構）的活動自由和國際交

往，《維護國家安全條例》在境外干預罪的構成要素上設定了非常高的門檻，即要求同時具備配合境外勢力、使用不當手段、意圖有干預效果三個元素才構成犯罪。這些例子都充分體現了《維護國家安全條例》所具備的謙抑精神。《維護國家安全條例》在罪名設置上補足了香港現行法律，並與之在整體上形成了維護國安和保障人權的協同效應。

在刑罰的設置方面，犯罪與刑罰緊密相關。一般而言，無論古代還是現代，東方還是西方，各國普遍將危害國家安全類犯罪視為該司法管轄區的嚴重罪行。23 條立法訂立的《維護國家安全條例》規管的都是危害國家安全的罪行，這類罪行有別於普通治安犯罪，侵害的是整個民族國家的利益，因此也必然要和其他司法管轄區的立法一樣，在刑法體系上視為重罪。但是，"重罪"並不必然意味著"嚴刑重罰"。在刑罰上，《維護國家安全條例》是依據普通法傳統方式起草，各罪行均訂明最高刑，這本身就是一種法治文明的體現。至於刑罰設置的嚴厲程度，取決於多種因素，例如犯罪的性質（嚴重性）、社會環境（和平或動盪）、政府刑事政策（阻嚇力）、風土習俗等多方面因素。刑罰的"輕"或"重"是一個相對的概念，不能簡單看最高刑期，還要看參照的標準。從歷史來看，隨著近代人權思潮的興起，世界各國的刑罰制度都經歷了從殘酷到人道、從嚴厲到輕緩的發展，可以說，刑罰的人道化和輕緩化是歷史大勢。與同時期的其他普通法司法管轄區相比，在刑罰的人道化和輕緩化方面，香港一直走在世界前列，例如香港早在 1895 年就廢除了公開執行死刑，自 1966 年便停止執行死刑，自 1993 年在立法上徹底廢除死刑，但新加坡、美國等國家至今仍然保留死刑，包括對危害國家安全的罪犯判處死刑。在香港刑事司法制度中，刑罰的首要目的是改造（Rehabilitation），其次才是使罪犯失去犯罪能力（Incapacitation）、威儆（Deterrence）和報應（Retribution）。可以說，香港在刑罰制度方面的人道和輕緩精神已經根植在香港的普通法制度之中，並未因《香港國安法》和《維護國家安全條例》的制定而有所改變。

有西方輿論簡單地羅列出《維護國家安全條例》中有關罪行的最高刑期，危言聳聽，指責《維護國家安全條例》刑罰過於嚴苛，這是不正確和不公道的。刑罰的"輕"或"重"是一個相對的概念，關鍵是"參照物"的選擇，只有同類（性質）罪名的犯罪才具有可比性。公道的做法是，將香港《維護國家安全條例》與其他普通法國家同類（性質）罪名的最高刑罰作比較，方知孰輕孰重。為了進行更直觀的比較，姑且不論美國和新加坡仍然對部分罪行（例如叛國罪）保留死刑，以下僅做同類刑種（自由刑）的比較：

——例子 1：在意圖犯指明罪行而管有煽惑性質的文件或物品罪方面，香港特區的最高刑罰是 3 年監禁，但是加拿大和美國的最高刑罰分別為 5 年和 10 年監禁。

——例子 2：在煽動意圖相關罪行方面，香港特區的最高刑罰一般是 7 年監禁（在涉及勾結境外勢力時是 10 年），但是英國、加拿大和美國的最高刑罰分別為 10 年、14 年和 20 年監禁。

——例子 3：在容許受禁組織在處所內集會、煽惑他人成為受禁組織成員、為受禁組織牟取會費或援助等三個罪名方面，香港特區的最高刑罰均是 7 年監禁，而英國的最高刑罰則全部是 14 年。

——例子 4：在不得妨害調查危害國家安全的罪行方面，香港特區的最高刑罰是 7 年監禁，而美國的最高刑罰是 20 年。

——例子 5：在公開表明意圖犯叛國罪方面，香港特區的最高刑罰是 14 年監禁，而英國和加拿大的最高刑罰均是終身監禁。

——例子 6：在披露他人犯叛國罪方面，香港特區的最高刑罰是 14 年監禁，而澳洲的最高刑罰是終身監禁。

這類例子不勝枚舉，但經過以上簡單的對比，我們可以非常直觀和明瞭地知道，《維護國家安全條例》的刑罰在總體上是非常人道和輕緩的，甚至有些刑罰的最高刑只是西方國家同類罪名刑期的一半，因此西方輿論說《維護國家安全條例》屬於 "嚴刑峻法" 不符合事實，且極具誤導性。經過以上對比，西方這類謠言就不攻自破了。

仔細閱讀《維護國家安全條例》和觀察整個立法程序後，筆者深感本次 23 條立法充分尊重 "一國兩制" 的實踐規律，整個立法程序合法、嚴謹且高效，公眾參與廣泛且積極，官員和議員們履職盡責，充分展現了落實 "愛國者治港" 後新選舉制度的優越性。《維護國家安全條例》在體例上科學完備、剛柔相濟，屬於高質量的成文法例。筆者相信《維護國家安全條例》的制定和實施，不僅能更好地維護國家安全和保障香港特區的人權，確保香港長期繁榮穩定，也將會成為普通法世界在維護國家安全領域高質量立法的經典範例。

原載《三地學者全方位解說 23 條立法：這是世界體系權力結構性轉移的一個縮影》，觀察者網，2024 年 3 月 24 日。為田飛龍教授組織的關於 23 條立法的筆談交流會其中一篇

23 條填補國安空白　亂港者難再 "走法律罅"

◎ 龔靜儀（香港執業大律師、粵港澳大灣區執業律師、粵港澳大灣區創新智庫顧問、華商律師事務所港澳律師執業中心副主任）

　　七一立法會暴動案，王宗堯等 4 人審訊後被裁定暴動罪成，同案 8 人則於開審前承認暴動罪，而案中被告在西九龍裁判法院（暫代區院）判刑，12 位被告分別判囚 4 年半至 6 年 10 個月。正如暫委法官李志豪於判刑時正確地指出，立法會具有獨特的憲制地位及象徵意義，而示威者肆無忌憚地包圍立法會，其實是挑戰特區政府，亦意圖推翻政府憲制及削弱管治。

　　如果在案發的時候，香港特區已經有了《香港國安法》及《基本法》第 23 條立法，七一立法會事件該不會以暴動罪去控告，而是以刑責更重的《香港國安法》及《基本法》第 23 條去檢控，案件也必定會在高等法院原訟庭進行審訊，以及各被告一旦罪成，便有機會面對遠遠高於區域法院最高 7 年判刑上限之刑期。如果能根據《香港國安法》或《基本法》第 23 條去檢控案中被告，定能更加充分反映案件之嚴重性，及令法律公義真正得以更有效地彰顯。

　　《維護國家安全條例草案》終於在立法會三讀全票通過；對整個香港特區來說，這是一件可喜可賀的事情！對於別有用心的禍港分子來

築牢安全根基　加快由治及興──《維護國家安全條例》立法評論選萃　　　　193

說，一天香港的國家安全法並未百分百完善，他們便有更多反中亂港的空間，有更多機會去鑽空子，大走"法律罅"。香港近年在國安範疇面對著一個又一個的驚濤駭浪，明眼人均不難看出外部勢力在過程中的興風作浪，以及千方百計地為亂港分子撐腰護航，並提供各式各樣的支持及援助。

如今，《維護國家安全條例》的成功立法填補了《香港國安法》未有覆蓋的範圍。23 條的"七宗罪"包括了叛國、分裂國家、煽動叛亂、顛覆中央人民政府、竊取國家機密的行為、外國的政治性組織或團體在香港進行政治活動，及香港的政治性組織或團體與外國的政治性組織或團體建立聯繫；而《香港國安法》則並未涵蓋 23 條的叛國、煽動叛亂、竊取國家機密、外國政治團體在香港進行政治活動及本地政治團體與外國政治組織聯繫等"五宗罪"。往後的日子，特區政府在國安範疇再無後顧之憂，可以全心全意地集中所有資源及力量去拚經濟；2014 的"非法佔中"及 2019 的"港版顏色革命"等大型暴亂，將難以在香港社會再現。

原載橙新聞，2024 年 3 月 21 日

合情合理合法，國安條例域外效力不容污衊

◎ 董啟真（香港執業律師、法律專業協進會副會長）

　　《維護國家安全條例草案》19 日在立法會獲全票通過，香港特區終於履行了基本法維護國家安全條例立法這一延宕近 27 年的憲制責任，也順應了支持立法的強大民意。不過，連日來英美等國家的部分政客和傳媒對今次立法橫加指責污衊，惡意批評條例的域外法律效力，充分暴露其 "雙重標準"。事實上，香港國安條例具一定的域外效力，不僅完全符合法理和現有法律體系、國際慣例，更有著可行性和必要性。

　　訂立法律的目的在於實現一定的法益。而訂立國安條例的目的，在於維護國家安全、主權和發展利益，堅持和完善 "一國兩制" 制度體系，維護香港長期繁榮穩定及保障香港居民合法權益。而為了實現這些法益，國安條例需要有一定的威懾力，並能夠切實地打擊反中亂港勢力。

　　作為國際大都市，香港對外聯繫緊密，人員流動密集。同時，隨著網絡技術普及，危害國安行為的發生在香港域外，也同樣可能對香港的穩定乃至我國的安全造成重大危害。如果條例不具有域外效力，可能會造成香港居民在境外實施危害國安犯罪回港後卻無法予以懲治的情形，甚至助長反中亂港分子故意到境外實施危害國家安全行為；同時，已竄

逃海外的反中亂港分子，也會更加有恃無恐、肆無忌憚。

因此，域外效力條款不僅可對外部敵對勢力產生震懾作用，更可對本土勢力和外部干預勢力的勾結破壞行為進行合理地延伸打擊，壓縮其國際活動空間。

綜上分析，香港國安條例具有一定的域外法律效力，不僅在理論上有所依託，也與現行法律體系及國際慣例相契合，並且是可行和必要的。

原載紫荊網，2024 年 3 月 19 日

剛生效的香港國安條例恪守法治和人權保障原則

◎ 陽娜（香港執業律師，同時擁有內地和美國紐約州律師資格）

行政長官李家超 22 日根據基本法第 48 條第 3 款簽署經立法會通過的《維護國家安全條例》（下稱《條例》）。《條例》於 23 日刊憲生效，標誌著香港特區的國家安全法律體系和執行機制更加完善，安全與發展得到更有效的法律保障。正如特首李家超所言，有利於讓香港可以無後顧之憂，輕裝上陣，聚焦發展經濟、改善民生，維持香港長期繁榮穩定，共同創造更璀璨更豐盛的未來。不過，近期部分外媒和外國政客卻接連抹黑《條例》"侵犯人權"。這是對《條例》的誤解和誤讀，嚴重誤導民眾。實際上，《條例》和《香港國安法》均恪守了法治和人權保障原則，體現在以下六個方面：

一、全面體現法治原則

《條例》第 1 部導言 2（C）和香港國安法第 5 條均明文規定以下法治原則：1. 罪刑法定：即法律規定為犯罪行為的，依照法律定罪處罰；法律沒有規定為犯罪行為的，不得定罪處罰。2. 無罪推定：即任何人未經司法機關判罪之前，均假定無罪。3. 一事不再審：即任何人已經司法程序被最終確定有罪或者宣告無罪，不得就同一行為再被審判或懲罰。

4. 保障公平審訊：即犯罪嫌疑人、被告人和其他訴訟參與人依法享有的辯護權和其他訴訟權利，予以保障。此外，《條例》和香港國安法均只適用於法律實施以後的行為，不具追溯力。因此，《條例》和《香港國安法》全面體現了法治原則，彰顯了其在保障國家安全的同時，亦積極防範對刑罰的濫用並切實尊重和保障人權。

二、明確保障人權的基本原則

《條例》開宗明義其立法目的是"依法防範、制止和懲治危害國家安全的行為和活動，保障香港特區居民和在特區的其他人的合法權益，確保特區內的財產和投資受法律保護，保持特區的繁榮和穩定"。《條例》第 1 部導言 2（b）和《香港國安法》第 4 條均重申了人權保障原則，即尊重和保障人權，依法保護根據《基本法》《公民權利和政治權利國際公約》《經濟、社會與文化權利的國際公約》適用於特區的有關規定享有的包括言論、新聞、出版的自由，結社、集會、遊行、示威的自由在內的權利和自由，體現了《條例》和《香港國安法》對人權保障原則的高度重視和根本遵循。

三、罪行定義清晰和適應範圍嚴謹

《條例》和《香港國安法》的條文均仔細清晰，包括清晰明確規定了所針對的罪行定義和罪行元素，嚴格遵循了罪刑法定原則。而且，《條例》嚴格限制適用範圍，依法防範、制止和懲治危害國家安全的行為和活動，不針對普通的刑事案件，其他刑事犯罪、民商事案件等仍按香港現行的刑事法律、民商事法律來處理。因此，《條例》和《香港國安法》只針對極少數危害國家安全的犯罪分子，不影響廣大市民的正常生活，而且還會更好保障全體市民的權利、自由和安全。

四、刑罰和刑責相稱且部分刑罰低於西方國家

《條例》和《香港國安法》的刑罰寬嚴適度並體現了刑罰和刑責相稱的原則。相比於其他國家的國家安全法律所規定的刑罰，《條例》部分刑罰的辣度低於西方國家的同類罰則。例如，《條例》規定叛國罪的刑罰是終身監禁，而美國和新加坡對叛國罪的刑罰是死刑；《條例》規定公開表明意圖犯叛國罪的刑罰是 14 年監禁，而英國和加拿大對公開表明意圖犯叛國罪的刑罰是終身監禁；《條例》規定披露他人犯叛國罪的刑罰是 14 年監禁，而澳洲對披露他人犯叛國罪的刑罰是終身監禁；《條例》規定間諜活動罪的刑罰是 20 年監禁，而英國和澳洲對間諜活動罪的刑罰是終身監禁，美國對間諜活動罪的刑罰則包括死刑；《條例》規定破壞電腦或電子系統罪的刑罰是 20 年監禁，而英國和加拿大對破壞電腦或電子系統罪的刑罰是終身監禁。

五、提供適當的例外情況及免責辯護

《條例》提供了適當的例外情況及免責辯護，進一步明確了罪與非罪的界限。例如，《條例》在完善現行與保護國家秘密相關罪行及條文

時，加入基於公眾利益而作出"指明披露"的免責辯護，積極回應了立法公眾諮詢建議的合理關切，體現了對公眾利益及言論自由和新聞自由的尊重和保障。就非法管有國家秘密等罪行，《條例》亦規定了免責辯護。在確立有關免責辯護時，需有足夠證據，就該事宜帶出爭論點；及控方沒有提出足以排除合理疑點的相反證明，以確保免責辯護的合理適用。

六、執行機制適當和審判程序獨立

在執行機制方面，《條例》第 7-1 部所規定的執法權力及其他與調查相關的事宜，參考了英國《2023 年國家安全法》的相關措施，與國際通行做法及規則相接軌。而且，《條例》就相關執法權力清晰訂明行使權力的條件及限制，並訂明給予批准的機關和程序，確保有關權力不超過維護國家安全所需。在審判程序方面，《條例》實施後，依照基本法第 19 條，特區繼續保持司法獨立，享有獨立的司法權和終審權。就危害國家安全罪行的審判程序，按照《香港國安法》第 41 條，除了涉及國家秘密、公共秩序等情形不宜公開審理的，審判應當公開進行，且判決結果應當一律公開宣佈。可見，無論是執行機制，還是審判程序，都體現了對人權的尊重和保障。

《條例》生效後，一方面，它與其他相關的特區本地法例和《香港國安法》共同構成在特區維護國家安全的法律體系，筑牢了護航"一國兩制"行穩致遠的法治和安全根基。另一方面，《條例》和《香港國安法》等相關法律亦全面體現了法治原則並嚴格恪守了人權保障原則，在維護國家安全和保障權利自由及經濟發展之間取得了良好平衡。因此，市民無須擔心"誤墮法網"，更無需顧慮人權會受到侵犯。

原載橙新聞，2024 年 3 月 24 日

掃清障礙　百業興旺

23 條立法後的香港路向

◎ 盧文端（第十屆中國僑聯副主席、中國和平統一促進會香港總會理事長）

　　早前立法會全票通過《維護國家安全條例》，香港終於完成基本法第 23 條立法。不少人都關心，23 條立法後的香港路向如何？綜合多方面信息並摘其要者，筆者有 6 點基本看法：

　　其一，全面準確理解習近平主席關於香港問題的重要論述，這是掌握香港路向最重要、最基本的根據；其二，"一國兩制"方針長期不變、堅定不移，這是決定香港路向的定海神針；其三，聚焦發展第一要務、鞏固提升國際金融中心地位，這是香港立身之本，也是國家重大戰略利益，誰破壞香港繁榮穩定、損害香港國際金融中心地位，誰就是歷史罪人；其四，中央視香港為"掌上明珠"，更多挺港措施陸續有來，這是香港最大依靠，香港需做好承接安排；其五，營造包容和諧社會氣氛、去泛政治化、彰顯"一國兩制"的香港特色，這是由治及興的必要條件；其六，加強行政長官的領導，這是良政善治的組織要求。

習主席重要論述　決定香港路向

　　當今中國有一個極重要的概念——"兩個確立"，即"確立習近平同志黨中央的核心、全黨的核心地位，確立習近平新時代中國特色社會主義思想的指導地位"。中央文件強調"兩個確立"的重大意義："對新時代黨和國家事業發展、對推進中華民族偉大復興歷史進程具有決定性意義。"這個論斷告訴我們，新時代的中國發展包括香港特區的"一國兩制"實踐，都要以習近平思想為指導；習主席關於"一國兩制"的論述，是這個思想體系的重要組成部分。要瞭解、把握23條立法後的香港路向，就必須全面準確理解習主席關於香港問題的重要論述。

筆者認為，習主席的有關論述不僅沒有因時間改變而過時，反而是常讀常新，特別在香港完成23條立法、全面復常之時重溫這些講話，彷彿感到習主席就是針對香港現在情況發表的講話，具有很強的現實針對性和指導意義。主管港澳事務的國務院副總理丁薛祥早前參加港澳地區全國政協委員聯組會和全國人大香港代表團審議時發表的講話，為我們理解習主席關於港澳工作的重要論述提供了指導。

習主席牽掛香港發展　中央挺港無上限

這些年，香港特區的一國兩制實踐經歷不少波折，因而不斷有人問一國兩制會不會變。習主席的回答是：堅定不移、長期不變。這擲地有聲的八字宣示，對於關心23條立法後香港前途的人來說，無疑是一顆大大的定心丸。事實上，無論是《香港國安法》還是23條立法，其首要目的都是為了保"一國兩制"。

復常後的香港，發展是第一要務。這是習主席最牽掛的事情。"香港發展一直牽動著我的心！"2017 年 6 月 29 日習主席抵港時說了這句充滿深情的話，港人一直銘記於心。習主席其後在七一講話中要求香港"始終聚焦發展這個第一要務"；在 2022 年七一講話，又要求香港排除一切干擾、聚精會神謀發展。丁薛祥副總理也強調 23 條只有盡快立法，才能讓香港輕裝上陣，把主要精力轉移到經濟發展、民生改善。李家超特首認真落實中央要求，他說：維護國安條例將有效保障國家安全，讓香港可以無後顧之憂，輕裝上陣，全力聚焦發展經濟、改善民生，共同創造一個更繁盛、更美好家園。

在發展要務中，金融是重中之重。"兩會"期間，中央政府駐港聯絡辦主任鄭雁雄參加香港代表團會議發言時特別傳達：習近平總書記多次寄語香港要鞏固提升國際金融中心地位。在筆者看來，中央特別重視香港金融，至少有三方面原因：一是國際金融中心乃香港經濟"命脈"；二是作為國家唯一的國際金融中心，香港在國家金融強國建設中擔當不可替代的重要角色；三是中美很難避免金融戰，香港將發揮重要作用。

許多輿論預計，美國在貿易戰、科技戰後，遲早會對中國發動全面金融戰。美國官員曾表示，若中國採取收復臺灣行動，美國將對中國祭出所有制裁手段，包括實施對俄羅斯那樣的金融制裁。香港作為我國對外金融的重要通道和橋頭堡，將充分利用國際金融中心的優勢，在防範化解金融風險、反制美國金融制裁方面發揮重要作用。正如丁副總理所說，保持香港的獨特地位和優勢，是中央實行"一國兩制"方針的一個重要戰略考慮。

　　香港很多人關心：23 條立法後，中央將推出什麼挺港措施。我們都看到，"香港有求，祖國必應"，中央支持香港無上限、無保留。去年 12 月習主席會見行政長官李家超時，再次表達對香港的支持。筆者之前在《明報》的文章談到國家給予新加坡免簽待遇會否給香港一事，在社會引起注意。在全面落實 "愛國者治港" 並完整構建維護國安法律體系之後，香港已具備大規模接待內地遊客的安定環境；估計提高內地旅客購物免稅額、恢復深圳居民來港 "一簽多行" 並擴展至大灣區其他城市，以至進一步增加自由行來港城市等，都會分階段逐步實施。香港的當務之急，就是要對大量內地居民來港早做準備；同時，還要研究部署承接中央不斷推出的創新科技、金融挺港等各方面措施，充分發揮其增強香港發展動能的效用。

營造包容和諧氣氛　支持行政長官領導

　　23 條立法完成後，很多人都希望擺脫泛政治化泥沼，不願看到社會氣氛持續緊張。筆者可以很負責任地說，23 條立法後，香港將致力營造包容和諧的社會環境，因為習主席的講話已經給予明確答案。

　　習主席 2017 年七一講話要求香港始終維護和諧穩定的社會環境，去泛政治化，不要人為製造對立、對抗，否則會嚴重阻礙經濟社會發展；2022 年七一講話又進一步提出，香港居民，不管職業理念，只要真心擁護 "一國兩制"、熱愛香港、遵守基本法和特區法律，都是建設香港的積極力量。習主席畫出最大同心圓，希望能夠團結調動一切力量，共同建設香港美好家園。習主席的這些講話，今天讀來感到特別親切，也讓所有希望香港好的人感到放心安心。也要看到，23 條立法後，香港維護國安將進入法制化的正常軌道；天天搞政治、講國安，這不是香港作為經濟城市的本性。丁副總理說得很清楚，"不要天天搞政治"，要在經濟發展、改善民生方面辦實事。

香港實現由治及興，須加強行政長官領導。行政長官是中央對香港特區實行管治的主要途徑和抓手。只有加強行政長官的領導，才能確保特區政府敢於擔當、善作善成，展現良政善治新氣象。2022 年習主席七一講話中強調，行政長官和特區政府是治理香港的第一責任人。丁副總理對港區全國政協委員提出的 3 點希望，其中之一就是"全力支持行政長官和特區政府依法施政"。所以，無論是特區政府的司長、其他主要官員及公務員，還是社會各界愛國愛港人士，都要全力支持行政長官。這是大家的職責，也是香港和國家的利益所在。

原載《明報》，2024 年 3 月 25 日

完成歷史使命　提振發展信心

◎ 譚錦球（全國政協常委、香港友好協進會會長、香港義工聯盟主席）

　　立法會全票通過《維護國家安全條例》（以下簡稱 "香港國安條例"），並將在 3 月 23 日正式生效。香港不負中央期望、信任，成功完成立法，履行憲制責任，完成歷史使命，築牢法治根基，推進 "一國兩制" 行穩致遠。此次立法凝聚了全民支持共識，擁有堅實民意基礎。立法過程高質高效，經得起歷史考驗，展現行政、立法的使命擔當與團結合作，證明 "愛國者治港" 隊伍敢打硬仗、能打硬仗，能肩負使命、善作善成，值得信任和託付。特區不僅要立法護國安，更要發展護國安，香港國際金融中心等 "八大中心" 競爭力越強，香港助力國家抗衡外力打壓的信心就越足。香港各界要凝共識、拚未來，眾志成城謀發展，在貢獻國家高質量發展中，創造香港穩定繁榮新明天。

　　行政長官李家超在香港國安條例通過後到立法會發言，他的一番話說出市民心聲：香港國安條例讓香港可以有效防範、制止和懲治間諜活動、外國情報單位的陰謀陷阱和敵對勢力的滲透破壞，可有效防範黑暴、"顏色革命"、"港獨" 和暴力破壞，香港的市民從今開始都不會再經歷這些傷害和悲痛。

國安港安家安已成社會共識

香港國安條例立法一個鮮明特色，就是香港廣大市民非常支持立法工作。2003年立法受挫，香港在維護國家安全上留下巨大缺口，為美西方勢力藉打"香港牌"遏制中國發展給予了可乘之機。經歷了非法"佔中"，以及2019年修例風波黑暴衝擊，香港社會秩序受嚴重破壞，法治根基遭蠶食，反中亂港勢力內外勾結、在香港為所欲為，全港700多萬市民付出了沉重且高昂的代價，政府施政舉步維艱，民生問題一拖再拖，經濟發展慘被拖累。這些經歷讓市民明白到，維護國家安全，是香港推進"一國兩制"的重要保障，是香港繁榮穩定的基礎。國安方有港安、家安，築牢維護國家安全的屏障，香港才能擺脫政治化的拖累，才能避免淪為西方遏華的棋子。正是這一共識，形成了此次支持立法的堅實民意基礎；正是獲得強大民意支持，特區政府和立法會更覺肩上責任重大、更增歷史使命感，立法會各位議員為歷史負責、為香港未來負責，爭分奪秒、認真履職逐條審議，群策群力、齊心合力完成立法重任，共同開啟了香港維護國家安全的全新一頁，推動"一國兩制"實踐行穩致遠。

香港眾志成城再出發

成功完成香港國安條例立法，極大地振奮了全港各界對香港未來的信心，社會各界普遍期望，能打硬仗、能打勝仗的"愛國者治港"管治團隊再接再厲，讓香港經濟發展、排解民生憂難，出現一番新氣象，不僅成功立法護國安，更能發展護國安。

香港正處於百年變局的風口和交匯點，反中亂港勢力詆毀抹黑香港，其險惡用心，就是要損害香港競爭力，破壞香港發揮國際化等優勢、貢獻國家高質量發展。香港國安條例的實施，為香港建立健全維護國家安全的法律制度和執行機制邁出了關鍵一步，香港更要以整體國家安全觀來築牢維護國安的根基，通過團結奮鬥，全力建設"八大中心"。愛國愛港團體要發揮帶頭作用，發揮聯通世界優勢，團結建設香港的力量，共同發憤圖強，積極參與國家推動新質生產力創新發展再立新功。

原載《文匯報》，2024 年 3 月 21 日 A18 版

主流民意求定思進　聚焦發展乘風破浪

◎ 姚志勝（全國政協常委、中國和平統一促進會香港總會會長）

　　《維護國家安全條例》刊憲生效，是香港維護國家安全的歷史時刻，是行政立法和社會各界合作的重大成果，也是香港思定思進求發展主流民意的集中體現。香港近年經歷了風風雨雨，維護國家安全與推動自身發展的內在邏輯，已經深入社會人心。香港當前經濟發展出現良好勢頭，營商資金持續流入，金融論壇、國際文化峰會論壇等連串盛事帶動人氣財氣，在築牢國家安全屏障的大前提下，香港握穩發展立身之本，抓住國家機遇乘勢而上，未來發展將能昂首闊步，乘風破浪，廣大市民將共享更多經濟民生成果。

　　行政長官李家超日前根據基本法第 48 條第 3 款，簽署經立法會通過的《維護國家安全條例》，條例正式刊憲生效。李家超表示，從今天起，香港特區的國家安全得到更有效保障，讓香港可以無後顧之憂，輕裝上陣，特區政府會繼續帶領香港全力聚焦發展經濟，改善民生，維持香港長期繁榮穩定，共同創造更璀璨、更豐盛的未來。

關鍵數據反映人心思安定謀發展

　　綜觀特區政府啟動香港國安條例立法以來，香港人心思安定、謀發展，這是香港當前的最大民意。特區政府在公眾諮詢期收到超過 1.3 萬份意見書，當中近 99% 為支持和正面意見；立法會議員作為香港社會的民意代表，條例史無前例獲得立法會議員全票通過；香港民意觀察研究中心日前公佈的民調進一步顯示，逾七成受訪市民贊成維護國家安全是特區政府的憲制責任，逾六成認同在完成第 23 條立法後，香港應全力聚焦發展經濟、改善民生，維護香港長期繁榮穩定。這三個關鍵數據清晰有力，環環互證，指標性強，明確反映香港社會向好、向正、向穩的主流民意，標誌著全力推動香港發展就是民心所向。

香港擱置條例立法達 26 年之久，經濟民生多年來受到泛政治化干擾，整體發展拖延滯後，其間發生了違法"佔中"和修例風波，外部勢力大舉滲透觸發亂港行動，社會更為此付出沉重代價。中央制定實施香港國安法撥亂反正，社會風清氣正，香港出現由治及興的新氣象。事實雄辯地說明維護國安對香港發展的重要意義。面對鄰近地區的激烈競爭，香港發展不進則退，香港市民進一步意識到香港國安條例立法的必要性、迫切性，讓香港可以集中精力"趕落後"。今年是新中國成立 75 週年，國家發展進入新的歷史機遇期，香港社會各界學習今年全國兩會精神，普遍認同國家發展和香港繁榮穩定密不可分，期待中央推出更多惠港政策提振香港經濟，香港更好把握未來的發展方向，令落實香港國安條例、推動香港經濟民生向前的強大民意更加凸顯。

香港無後顧之憂投入發展

《維護國家安全條例》刊憲生效，香港今後可以凝神聚力發展經濟改善民生，這是社會各界的最大共識。當前，香港經濟動力持續增強，不同經濟環節出現喜人現象，招商魅力更勝往昔，發展成果陸續湧現。截至今年 2 月，58 個家族辦公室在港成立或擴展業務，另有逾 100 家已決定或正準備在港設立或擴展業務；投資推廣署去年協助約 380 間海內外企業在香港開設和擴展業務，比 2022 年增近三成；包括歐美地區的兩批共近 50 家重點企業先後落戶香港，總投資額逾 400 億元，將創造超過 1.3 萬個就業機會。

今年更是香港的盛事年，特區政府在今年農曆新年舉辦多項大型盛事活動，成功吸引全球各地人流訪港，本週又迎來"金融盛事週"，第二屆"裕澤香江"高峰論壇、首屆世界合一論壇等四大國際級金融盛事將展示香港國際金融中心的優勢、發展潛力和投資機會。首屆"香港國際文化高峰論壇 2024"一連三日在港舉行，更是香港歷來最大規模的國際文化峰會。連連盛事帶動香港的人氣財氣，營商環境不斷優化。這些經濟良好勢頭都指明：國安保護更好，經濟發展更快，港人機會更多，香港再無後顧之憂全身投入發展之中。

發展是永恆的主題，是解決香港各種問題的金鑰匙。中央希望香港社會各界勠力同心、抓住機遇，把主要精力集中到搞建設、謀發展上來。國家提出推動新質生產力，支持香港國際金融中心發展，香港需要積極作為，持續增加新經濟增長點，不斷擴大國際朋友圈，加快融入國家發展大局，把國家發展機遇化作香港"興"的動能。《維護國家安全條例》築牢香港發展安全根基。香港抓緊發展這個立身之本，集思廣益，付諸行動，乘風破浪，將能創造香港更亮麗的未來！

原載《文匯報》，2024 年 3 月 26 日 A17 版

發揮優勢　振興經濟

◎ 李民斌（全國政協社會和法制委員會副主任、東亞銀行聯席行政總裁）

　　期待已久的《維護國家安全條例》，終在特區政府努力不懈、立法會高效而嚴謹的審議下，日前三讀全票通過。條例既可完善香港特區維護國家安全的法律制度及執行機制，有效維護國家安全，切實保障居民福祉和權益，為"一國兩制"行穩致遠保駕護航，亦可增強本港營商環境的穩定性，有利社會集中精力發展經濟，改善民生。

　　國家安全是經濟社會穩定發展的前提，制定維護國家安全法律也是國際慣例。近年來，各國均因應形勢，不斷調整和更新相關法律。回顧香港回歸以來，儘管落實基本法第 23 條的立法工作因為各種風風雨雨而延宕，但完成維護國安本地立法工作，是香港特區必須履行的憲制責任，亦是由治及興的"必答題"。

　　從金融從業者角度看，在當前全球經濟不確定性增加的大環境下，嚴謹而合情合理的法律基礎，安全而具確定性的營商環境，對於吸引投資、保持國際競爭力，具有重要作用。事實上，特區政府在草擬法案時參考了大量外國的國安相關法例，以確保法律條文符合國際法原則、國際慣例和各國各地通行做法，有助提高法例的認受性。

為高質量發展貢獻香港力量

"一國兩制"是香港金融發展的基石,只有在保障"一國"的基礎上,才可發揮"兩制"的優勢。條例不會改變香港的獨特優勢,以及外國投資者依法得到保護的利益,更是維護"一國兩制"行穩致遠的有力保障。

此外,資金自由流動、簡單低稅制、與國際接軌的監管制度、法治和優質專業服務等香港賴以成功的要素,並不會因為條例生效而有所改變,因為法例只針對叛國、分裂國家、煽動叛亂和顛覆中央政府等行為,非但不會動搖金融基礎,反而會為香港的營商環境帶來穩定性和確定性。

筆者早前在北京出席全國兩會期間,與官員及商界人士交流,充分感受到國家對香港的支持和關懷。如今《維護國家安全條例》立法完成,為困擾香港多年的問題畫上句號,在國家強大的支持下,加上安定的法治環境,將有利香港促進國際國內資金融通,進一步發揮好國際金融中心的作用。期待香港各界可以輕裝上陣,集中精力發展經濟、改善民生,更好發揮"一國兩制"獨特優勢,把握國家各項支持措施,切實融入國家發展大局,為高質量發展貢獻香港力量。

原載《大公報》,2024 年 3 月 21 日 A10 版

實現憲制責任　開啟由治及興新篇章

◎ 馬浩文（全國政協委員、重慶市政協常委、香港重慶總會主席）

3月19日，香港立法會三讀通過落實《基本法》第23條的《維護國家安全條例草案》，並將於3月23日正式實施。這是香港近27年來最重要的憲制責任的完成，也是貫徹"一國兩制"方針的重要里程碑。條例草案填補了香港特區維護國家安全制度中的漏洞和不足，並積極吸納了公眾諮詢過程中的有益意見和建議，建立了一個完整且高效的維護國家安全的法律制度和執行機制。

通過落實《基本法》第23條立法，香港為國家安全提供了更有力的法律保障，進一步保障了香港的法治，優化營商環境，並有利於香港特區的投資和金融市場發展。這必將為香港的經濟環境帶來更多穩定和可持續的增長，讓香港能夠專注於打造更具競爭力的經濟體系，為經濟繁榮和市民的福祉做出更大貢獻。

作為一個深愛國家和香港的人，我全力支持特區政府施政，堅定地攜手各界，團結同鄉社團，凝聚更多愛國愛港的力量，共同努力開啟"由治及興"的新篇章，致力於推動港澳成功實踐"一國兩制"，為推進國家統一大業而奮鬥。

馬浩文賜稿。發佈於 2024 年 3 月 21 日

立法具里程碑意義　助港再創輝煌

◎ 涂輝龍（全國政協委員、香港各界文化促進會主席）

　　3 月 19 日，香港特別行政區立法會全票通過《維護國家安全條例》，香港各界深感鼓舞、振奮。國家安全，國之大事、頭等大事。此次立法建立健全香港特別行政區維護國家安全法律制度和執行機制，具有里程碑意義。立法事關香港社會、民生利益福祉，是國家安全之所繫，更是人心所向，大勢所趨。筆者認為，安全是發展根基，穩定是發展前提，有效維護國家安全，推動"一國兩制"事業行穩致遠，充分展現"一國兩制"制度優越性。立法後，將有助維護香港特別行政區憲制秩序、法治秩序，防範和遏制外來干涉，保障香港根本利益和社會長治久安，必將為香港創造更加安全、穩定、和諧、便利的社會環境，更好地發展香港經濟、改善香港民生。

　　香港回歸以來，得益於基本法的有效實施和"一國兩制"制度優勢，香港才能進一步鞏固在國際上的競爭力，社會保持繁榮穩定，取得舉世矚目發展成就。由於本地立法遲遲未能推進，反中亂港分子藉機挑戰中央政府權威，宣揚、鼓吹"港獨"，煽動、組織分裂國家行為，嚴重威脅"一國兩制"在香港的實踐和香港的繁榮穩定，凸顯出建立健全香港特區維護國家安全的法律制度和執行機制的必要性、緊迫性和必然性。如今，《維護國家安全條例》獲全票通過，為貫徹"一國兩制"方針、落實"愛國者治港"、確保香港長治久安提供堅實法律保障,進一步築起維護國家安全堅實防線,成為"一國兩制"行穩致遠的治本之策。實乃理所當然、勢在必行,更是民心所向、大勢所趨。

習近平總書記曾指出,當前我國國家安全內涵和外延比歷史上任何時候都要豐富,時空領域比歷史上任何時候都要寬廣,內外因素比歷史上任何時候都要複雜,必須堅持總體國家安全觀。隨著我國國際地位和影響力不斷提升,國家安全問題已覆蓋到政治、軍事、經濟、外交、社會各個領域,各種安全問題相互交織,堪稱牽一髮而動全身。國際鬥爭日益激烈,國際形勢動盪不安,敵對勢力對我國全方位遏制打壓,香港必須在維護國家安全上堵塞漏洞、補上短板,築牢維護國家安全屏障,外部敵對勢力危害國家安全陰謀才不會得逞。此次立法是香港貫徹落實總體國家安全觀的最後一塊拼圖,標誌香港被納入國家整體安全體系當中,香港自身與國家主體之間的國家安全法治保障體系的關係得到進一步加強。未來,香港需自覺樹立維護國家安全責任意識,堅決制止損害國家安全行為,積極主動融入國家發展大局,發揮自身優勢、服務國家所需,在中華民族偉大復興的進程中貢獻香港力量。

當前,香港全面落實"愛國者治港",行政立法關係重回正軌。在此次立法過程中,行政立法從良性互動走向緊密配合。政府各部門雷厲風行,立法會馬不停蹄,社會各界眾志成城,全力以赴助力23條立法。彰顯愛國者責任和擔當,展現香港全面落實"愛國者治港"新氣象。在香港由亂到治走向由治及興的新階段,維護國家安全條例摒除國家安全領域風險，為香港經濟民生發展提供良好環境，令香港能集中精力去拚經濟、謀發展，更好發揮獨特地位和優勢，再創輝煌。

原載大公文匯網，2024 年 3 月 20 日

完成維護國家安全條例立法是光榮歷史時刻，為"一國兩制"行穩致遠保駕護航

◎ 譚岳衡（全國政協委員、交銀國際董事長）

立法會今日（3月19日）三讀全票通過《維護國家安全條例草案》，為纏繞香港26年8個月零19日的問題寫上圓滿的句號。完成基本法維護國家安全條例立法，全面落實特區憲制責任，補齊維護國家安全短板，有利於維護香港長治久安，為"一國兩制"行穩致遠保駕護航。維護國家安全條例立法是香港特區共同譜寫光榮歷史的驕傲時刻，能參與審議通過立法是我光榮的歷史使命。

今次維護國家安全條例立法工作得以高效、高質完成，展現了行政立法良性互動的新局面和新成果，讓社會各界對接下來齊心協力為香港謀發展、拚經濟、優民生更有信心，對香港書寫"由治及興"新篇章更懷憧憬。

很高興了解到特區政府將會面向各界繼續緊鑼密鼓開展一系列法例的解說工作。作為立法會議員，我會認真做好法例的"解說者"、國家安全的"守護者"、香港高質量發展的"推動者"，與各界為香港的美好明天共同努力！

原載紫荊網，2024年3月19日

夯實穩定基石　優化營商環境

◎ 閻峰（全國政協委員、國泰君安國際董事會主席）

　　3 月 19 日，立法會三讀全票通過《維護國家安全條例》，香港特區正式完成基本法第 23 條規定自行立法維護國家安全的憲制責任。作為金融行業從業人士，我們高度讚賞特區政府和立法會本次高效高質的立法工作，通過完善法治、明確規則為促進社會穩定、實現長治久安、優化營商環境做出重大貢獻。

　　國家安全立法是各國家和地區重要而普遍的法律實踐。美國紐約、英國倫敦、新加坡等國際金融中心的快速發展，離不開國家安全方面的重要法治保障。

　　反觀香港，由於維護國安立法長期以來被一些別有用心的人污名化，使得香港回歸 20 多年來遲遲不能完成相關立法工作，導致香港在高度開放的環境下留下重大國家安全隱患，國家安全方面不設防更導致香港在 2014 年、2016 年、2019 年面對社會暴力事件橫行時無法可依，只能被動應對、進退失據，結果最終不僅造成重大人員財產損失和社會動盪，引發不少年輕人誤觸法網、付出慘痛代價，更嚴重破壞了香港多年來引以為傲的穩定、安全的營商環境，產生了極高的社會成本，令親者痛仇者快，教訓是極為深刻的。

　　社會穩定、國家安全是金融機構和所有工商企業開展業務、擴大投資的基礎和前提。《維護國家安全條例》的通過，有效填補了香港在國家安全方面的漏洞，有力夯實了社會穩定的基石，徹底消除了黑暴事件重演的風險和隱患，奠定了長治久安、政通人和的基礎，是香港告別政治紛爭及社會混亂、實現輕裝上陣再出發的重要里程碑，既是對營商環境的重大改善，也是香港補足國家安全"短板"、提升國際競爭力的務實舉措，受到香港金融界、工商界和社會各界人士普遍肯定、贊成和擁護。

毋庸諱言，目前仍有部分港人出於誤解，對條例存有疑慮，而極少數別有用心的人和媒體藉機抹黑條例和惡意誤導市民，更加放大了一些港人的擔心、不安和焦慮。對此，我們金融界、工商界人士必須要予以重視，主動與特區政府一道加強宣傳、導讀、解釋，澄清事實，加強認同，使社會各界打消顧慮，推動 750 萬港人建立《維護國家安全條例》不是洪水猛獸，而是守護香港開放大門門神的正確認知，認同香港既要堅持自由和開放更要守護法治和安全的平衡理念，有力保障人財平安、長治久安、國泰民安。

我們相信，條例刊憲生效後的香港不僅更加安全，也一定會更加繁榮。作為全球重要的國際金融中心，香港這顆東方之珠會愈發璀璨，愈加吸引全球資本、人才和企業。香港的明天一定更加美好。

原載《大公報》，2024 年 3 月 22 日 A14 版

維護國家安全條例意義重大

◎ 楊莉珊〔全國政協委員、中國香港（地區）商會會長〕

香港特區《維護國家安全條例草案》完成立法會法案委員會審議階段後，立法程序便已進入最後直路。3月19日立法會三讀全票通過《維護國家安全條例草案》，這是歷史性一刻。特首李家超表示，完成歷史使命，條例將於本月23日正式生效。

保安局局長鄧炳強接受傳媒專訪時表示，《維護國家安全條例》通過實施，對香港的繁榮穩定具有歷史意義。"我已經充分準備，因為這是歷史的光榮任務，必須做好！"安全穩定是任何地區發展的必要條件，相信任何人不會在打仗的地方做生意。他強調，《維護國家安全條例》僅針對一些想危害國家安全的人，在香港的營商人士完全毋須擔心。

過往西方媒體將香港立國安法一事抹黑得不堪入目，以至於社會上確實有相當數量的民眾誤以為基本法23條立法將對本地的經濟、個人人身自由等方面帶來嚴重負面衝擊。但是香港國安法實施至今已有三年多，帶來利好，這個真實的過程也增強了市民大眾對23條立法的信心。

23條立法順利通過，護航發展，促進繁榮穩定。23條立法實施後，香港資本主義制度和生活方式繼續長期保持不變，馬照跑、舞照跳、股照炒，多元生活更加豐富精彩。23 條立法順利通過，不但是責無旁貸的憲制責任，而且是維護香港繁榮穩定、保護香港市民福祉的必要之舉。完成 23 條立法工作，讓社會各界可以集中精力拚經濟、惠民生，開創香港發展新篇章。

國安立法保港安全穩定

香港作為亞太地區主要金融中心的地位，一直是牢牢建基於各金融家及金融企業、經驗豐富的律師、具戰略眼光的會計顧問機構，以及全球或區域財務以外高管人才的人脈網絡。維護國家安全是每個國家的權利和義務，而制定維護國家安全法律，是國際慣例。儘管如此，美西方國家一直就香港國安法的訂立及實施不斷故意詆毀及作出失實指控，並將基本法第 23 條立法 "妖魔化"，但事實上他們都制定維護國家安全法例，並不時作出法律修訂。

眾所周知，美國、英國、加拿大、澳洲及新西蘭等西方國家及新加坡等，都制定了多部維護國家安全的法律，而且還在不斷訂立數量龐大、覆蓋廣泛、規管嚴厲的維護國家安全的法律制度，但不影響其經濟金融地位。23 條立法有助於保護金融、商業和創新等關鍵行業的穩定發展，為香港吸引更多涉及金融、科技、創意和創新領域的投資。

香港擁有健全的維護國家安全的法律體系，是所有國際金融中心的標配。23 條立法為投資者提供了穩定和安全的投資環境。香港終於完成維護國家安全的本地立法，必將為香港金融業的發展提供堅實保障，有利於保持香港的獨特地位和優勢，增加發展的動能和信心。

　　23 條立法不影響所有正常的官方與民間交往交流合作，香港對外開放的大門會開得更大，外來投資受到更好保護；香港國際自由港、獨立關稅區、最開放自由經濟體的地位不會變，低稅率政策不會變；資金進出自由，貨幣自由兌換。

原載《香港商報》，2024 年 3 月 20 日 A05 版

民心所向　大道必成

◎ 鄭翔玲（香港中華聯誼會會長）

　　立法會 19 日全票通過《維護國家安全條例》，標誌著香港在維護國家安全這一關鍵議題上邁出了載入史冊的重要一步，這既是民心所向，也是法治的勝利。通過這一重要立法，香港不僅堵住了法治漏洞，更彰顯了在"一國兩制"框架內，以行政主導的"愛國者治港"固有的制度優勢。值得強調的是，立法完成絕不是終點而是新的起點，對於香港乃至整個國家的未來發展，都有著深遠的意義。

　　首先，《維護國家安全條例》的通過，是對國家安全領域長期存在的漏洞和短板的有力修補，也補上了香港回歸近 27 年就該補上的"功課"。

　　2019 年修例風波的慘痛經歷，深刻揭示維護國家安全的必要性。沒有國家安全，社會只會陷於混亂，經濟只會停滯不前，市民只會惶恐度日，任何對前景的信心、對發展的追求都只會淪為空談。立法的必要性不言而喻，立法的緊迫性不容置疑。《維護國家安全條例》在公眾諮詢階段就獲得超過 98.6% 的支持率，在三讀時更獲立法會 89 位議員支持通過，之所以能凝聚如此強大的社會共識，就是基於維護國家安全是香港的最大公約數。

　　當前，國家安全面臨的挑戰愈發複雜多變，國際反恐、網絡安全、情報洩露等問題成為各國普遍關注的焦點。針對這些問題，《維護國家

　　　　　　　　六、社團商界威言：掃清障礙　百業興旺

安全條例》的制定和實施，是對特區在維護國家安全方面能力的全面增強，確保了國家的根本利益和香港的長期繁榮穩定。

第二，立法彰顯"愛國者治港"的制度優勢。

縱觀這次立法的整個審議過程，嚴謹規範、高效流暢，行政立法目標一致、步伐協調，特區政府各部門通力合作、履職盡責，是一次高質量立法的範例。在這一過程中，特區政府通過廣泛的社會諮詢和公開的立法程序，確保了法律的公正性和透明性。

今次立法，立法會和特區政府在維護國家安全這一重大是非問題上，展現了自始至終以大局為重的政治定力和戰略眼光。這既是對"一國兩制"原則的堅持，也是"愛國者治港"原則的具體體現。在這一框架下，確保國家安全的立法不僅符合國家整體的利益要求，也反映了香港自身的長期利益和發展需要。這種以行政主導、立法和司法配合的治理體系，更是充分體現了"一國兩制"的制度優勢和獨特作用。

第三，立法完成是新的起點，如何有效實施這一條例，確保其在實踐中發揮應有的作用，將是特區政府和社會各界面臨的新任務。

特區政府和立法會也必須持續將這一個良好的立法成果變為香港良好法治環境的基石，而全體愛國愛港陣營也應擔負起"解釋者""宣講員"的職責，不僅要讓全體市民知法守法，更應讓國際社會有更多的理解和認同。大道致遠，行則將至。香港將開啟一個新的篇章，為"一國兩制"的成功實踐繼續譜寫新的篇章。

原載《文匯報》，2024 年 3 月 20 日 A18 版

國安家好創科興

◎ 冼漢迪（全國人大代表、互聯網專業協會會長）

　　對於在特區政府及立法會高效運作下順利通過《維護國家安全條例草案》，完成在《基本法》第 23 條下香港特區應盡的憲制責任，筆者作為全國人大代表對此表示熱烈歡迎，並認為這將為香港的繁榮穩定和國家安全帶來諸多好處。

　　雖然社會有廣大聲音要求盡快完成《基本法》第 23 條的本地立法，但立法會法案委員會成員仍就草案提出過千項詢問，包括不少情景題，特區政府有關官員亦詳細回答，務求釋除市民疑慮。特區政府亦接納了委員提出的多項建議，包括提出修正案及新增條文，讓特首會同行政會議訂立附屬法例，以便能更及時處理相關事宜。

　　與此同時，立法會在兩週內兩度加開大會，令草案能夠在兩週內順利完成所有審議程序，體現"愛國者治港"的好處，更凸顯立法的必要性。

　　筆者認為《基本法》第 23 條本地立法工作完成，配合《香港國安法》，在保障國家安全上，發揮相得益彰的效果。通過落實《基本法》23 條，在國家層面上，可以有效打擊危害國家安全的行為，保障國家的主權、安全和發展利益；在香港層面上，香港作為國際創科、貿易和金融中心，一直以來都是國家對外開放的重要窗口，有助於維護香港的法治，保障投資者和企業的合法權益，為香港的長遠發展提供有力保障；在創科企業層面上，國際間創科競爭暗流洶湧，立法可以加強香港創科行業的自律，提高行業的整體素質和競爭力，為香港創科行業的發展創造更加有利的環境。

綜上而言，筆者對香港行政及立法機關充分合作，高效完成立法通過《基本法》第 23 條表示歡迎。筆者相信，立法為香港的繁榮穩定和國家安全打下必要的基礎，同時也為香港創科行業的發展提供了有力保障，從而社會整體才能夠全力拚經濟、謀發展。讓我們共同期待香港在維護國家安全、保障法治的基礎上，更好地建設國際創科中心，讓香港邁向更加美好的未來。

原載大公網，2024 年 3 月 19 日

補齊國安短板　築牢校園防線

◎ 黃錦良（全國人大代表、香港教聯會主席）

　　香港立法會日前通過政府提交的《維護國家安全條例》，行政長官李家超表示，這是香港特區共同譜寫光榮歷史的驕傲時刻。國務院港澳辦、中聯辦隨即發出聲明，給予支持和祝賀。全國人大常委會法工委負責人發表談話，指出香港特別行政區依法制定《維護國家安全條例》，進一步建立健全維護國家安全的法律制度和執行機制，為依法防範、制止和懲治危害國家安全的行為和活動提供了有力法治保障，有利於全面準確、堅定不移貫徹"一國兩制"方針，依法維護香港居民和其他人的合法權利和自由，保持香港特別行政區長期繁榮穩定。

高質高效完成立法

　　新制定的香港國安條例與現行的香港國安法，相互銜接、相互配合，形成一道維護國家主權、安全和發展利益的堅固屏障。這次能夠在較短時間內高效率、高質量完成立法，與政府勇於承擔、善作善成，行政立法機構各盡其職又相互配合，以及市民大眾支持和參與密不可分。落實香港國安法，完善選舉制度、確保"愛國者治港"，由治及興的社會大環境，為香港特別行政區履行憲制責任、補齊國家安全短板創造了必要條件。

國家安全與香港息息相關。"國安"才能"港安"，"國安"才能"家安"。就教育界而言，社會的穩定，始終是校園安寧的重要因素。香港校園有效制止外部政治勢力侵入，保護校園安寧祥和，教師才能秉持專業精神教書育人，學生亦能投入到校園生活，免受外界干擾。

發生於 2019 年的修例風波，香港教育界遭受重創。那時，受各種內外複雜因素影響，反中亂港勢力侵入校園，利用青少年為馬前卒，"港獨"、黑暴、"攬炒"猖獗，破壞香港社會秩序，威脅國家主權、安全和發展利益，局勢嚴峻，"一國兩制"幾乎毀於一旦。中央政府果斷出手，扭轉危局。2020 年中，香港國安法頒佈實施，社會秩序得以整治，校園安寧得以回復。

香港國安法制定實施前後的對比，讓香港社會尤其是教育界有深切感受：安全與發展是車之兩輪、鳥之兩翼，不可偏廢。今次政府制定香港國安條例，進一步完善相關法律制度和執行機制，旨在確保有效防範、制止和懲治危害國家安全的行為和活動，為香港長治久安和保持繁榮穩定保駕護航。這對香港教育界是提供了保障，也是維護了學生、家長和教師的根本利益。

豐富國安教育內容

法律有其教育意義和功能。國家安全教育已經成為學校國民教育一項重要內容。為全方位支援學校推行國家安全教育，教育局向學校提供

《香港國家安全教育課程框架》，並指導學校參考框架設計校本課程，開展國家安全相關的教學。通過多元化的學習活動，增強學生對國家安全的認識。教育局還就落實國家安全教育進行視學，學校每年向教育局呈交工作計劃或報告。按照政府要求，每一所學校都安排一位國民教育統籌員，統籌國民和國安教育，確保學與教方面的質素。

香港國安條例成為維護國家安全體系和機制必不可少的內容，必將豐富教師和學生的國家安全認識，使其更加全面、具體。教育界有責任配合政府做好香港國安條例的宣講教育工作。幫助學生理解重要法律規定，尤其是貫穿於法律條文中的三項原則，即維護國家主權、安全和發展利益，是"一國兩制"方針的最高原則；尊重和保障人權，依法保護基本權利和自由；按法治原則防範、制止和懲治危害國家安全的行為和活動。增強學生辨別是非對錯的能力，從而遠離法律禁止的活動。

政府應當盡快更新課程內容，並提供相關教材及專業支援，通過國民教育與國安教育的相互配合，著力構建與"一國兩制"相適應的香港教育體系。教聯會作為愛國愛港陣營的一面標誌性旗幟，未來將會一如既往大力推動國民教育及國家安全教育，讓下一代建立正確的價值觀，提升維護國家安全的意識和責任感。

原載《文匯報》，2024 年 3 月 23 日 A18 版

持續教化 倡導尚德守法

◎ 陳謳明（香港聖公會大主教）

　　《維護國家安全條例》於 2024 年 3 月 23 日正式生效，行政長官李家超表示，國家安全得到有效保障，標誌著香港特別行政區終於完成基本法第 23 條規定的維護國家安全本地立法的憲制責任，完成了歷史使命，不負中央所託，不負國家信任。條例在確保安全的同時，也確保了人權和自由，保護人權和自由的原則已經清楚明確地寫入條文當中，說明條例尊重和保障人權，依法保護根據基本法和兩個國際公約適用於特區所規定享有的人權和自由，即《公民權利和政治權利國際公約》《經濟、社會與文化權利的國際公約》所提及的言論、新聞、出版、結社、集會、遊行、示威等的權利和自由依法獲得保障。條例亦說明確保特區內的財產和投資受法律保障。

國安條例保障宗教自由

　　自條例通過及生效以來，香港宗教界普遍認同，條例清晰指出香港市民有義務維護國家安全，同時強調會保障香港市民一直享有的宗教自由。我們相信，宗教界在條例生效後，可以一如既往地為信眾提供牧民、關顧、授道、弘法、禮拜及心靈輔導等活動，不會有任何改變。

香港宗教界一直為社會提供精神力量，用以教化群眾、穩定人心，提升社會道德。故此，隨著條例生效，香港宗教界除了表示支持外，更認同可以通過條例，發揮宗教對社會的教化作用，將條例背後的精神建立在廣大市民的心中，培養大眾正確的價值觀。現代人經常提到的"安全感"，其實質內涵，就是心靈的平安。若果人沒有心靈的平安，就很難有美滿的家庭；如果一個群體裏面經常發生矛盾、衝突，就很難建設一個團結的組織；如果一個國家時常出現內部騷亂和暴力衝擊，這個國家就很難得到繁榮發展；如果世上各國都是互相猜忌、互相排斥，大地就難有和平可言。只有建立安全感，防範不良信息和行為，社會才可以在秩序中慢慢成長。至於安全感，也就是建基在人們守法守規矩上，建基在高水平的道德上，這更顯得出持續教化的重要性。

淳化人心大家守法自愛

香港國安條例生效後，無論政府、企業、民眾，都應以一種"修身、齊家、治國、平天下"的視野，切實遵守及擁護。至於香港宗教界，則是負責在條例生效後將安全感根植在人心，通過各種宗教活動，促進人們愛天下、愛國家、愛自己的城市、愛家愛己。借鑒澳門的例子，當地國安法的實施，並沒有影響到宗教自由，各個教會包括聖公會，仍能在當地進行崇拜、查經、祈禱會等活動，有了這個先例，我們更有信心日後可以繼續履行宗教界的使命，淳化香港的人心。作為宗教界人士，筆者希望未來人人能夠和平坦誠相處，彼此尊重，守法自愛，不會有人違反香港國安條例和其他法律。

原載《文匯報》，2024 年 3 月 25 日 A13 版

唸佛不忘救國　救國必須唸佛

◎ 釋寬運（香港佛教聯合會會長）

　　近日，立法會在加緊審議《維護國家安全條例草案》，一位佛弟子問我："師父，23 條立法，佛教界應當支持嗎？" 我說："作為佛弟子，必當支持。" 於是，我還向他說了一個故事。

　　憍薩羅國的毗流璃王，昔日帶兵攻打釋迦牟尼的祖國——迦毘羅衛城。釋迦牟尼佛一個人坐在軍隊的必經之路，任由烈日暴曬。毗琉璃王看到佛陀，就問他為何不去樹蔭下休息，偏要坐在這個酷熱而沒有樹蔭的路上呢？釋迦牟尼回答："祖國和親族的蔭蔽，比所有護蔭都好，你現要滅我國家親族，我不成了沒有護蔭的人嗎？就算我享受短暫虛幻的蔭涼，又怎能止息我失國族的悲痛呢？"

　　琉璃王聽後，有所感動，立即退軍。由是這般，佛陀曾兩次勸退了入侵的敵人。

　　釋迦牟尼佛得道成佛，尚且深愛自己的國家，不願見到外邦入侵，破壞自己的國族，我們佛弟子又怎會不愛自己的祖國呢！《維護國家安全條例》能有效防範、制止及懲治危害國家安全的壞人，佛教界當然支持。

　　《大乘本生心地觀經》教導眾生要報"四重恩"，包括父母恩，眾生恩，國土恩和三寶恩。國土承載萬物、養育眾生，佛弟子熱愛國土，是信佛最基本要有的責任。日本帝國主義侵華時期，弘一大師便曾提出過 "唸佛不忘救國，救國必須唸佛" 的口號，激勵佛弟子的愛國情懷。著名佛教領袖巨贊法師也曾積極組織佛教人士抗日救國，曾在南嶽成立 "佛教抗戰協會"、"佛教青年服務團"、"南嶽佛道教救難協會" 等機構，連周恩來總理都讚他們是 "上馬殺賊，下馬唸佛" 的好兒郎。

佛經中這樣說：如有惡人在國土內，生逆心於須臾公頃，如是之人福自衰滅，命終當墮地獄之中……破壞國家者必應有其懲處之 "法"，作為香港市民，我期盼著這份遲到了 27 年的法律安全保障；而作為香港佛教聯合會會長，我和我的同寅，堅定支持基本法 23 條立法。

原載香港商報網，2024 年 3 月 20 日

香港國安條例彰顯安全與發展的辯證關係

◎ 黃冰芬（全國人大代表、香港再出發大聯盟總主任）

　　作為香港市民，我衷心擁護並熱烈祝賀立法會通過《維護國家安全條例》。今次立法不僅吸收了普通法國家的國安條例的經驗，還與香港國安法有效銜接，與香港其他相關法例融會貫通，共同構築起完善的維護國家安全法律體系，可確保香港長治久安、"一國兩制"行穩致遠。

　　只有社會穩定，特區政府和各界才能專注投入經濟民生建設，市民和投資者才能得到生命、財產安全的保障。而香港在"一國兩制"下的獨特優勢，也只有在完善維護國安制度體系、增強社會穩定性和法治確定性後，才能更充分發揮出來。

　　其實，廣大市民都期待國家和香港繁榮發展，並為個人帶來更大的發展空間，而發展的大前提是安全。所謂"皮之不存，毛將焉附"，如果國家安全受到威脅，社會陷入動盪，一座城市、一個家庭能置於事外獨善其身嗎？答案不言自明。近年來，我國之所以經濟增長企穩、國民安居樂業，都源於綜合國力漸強，國家安全得到切實維護。作為國家的一部分，香港自然也從中受益。

　　今次立法不單止完成了特區一項重要的憲制責任和歷史使命，更彰顯了安全與發展的辯證關係。未來，本港在融入國家發展大局、助力粵港澳大灣區建設進程中，仍須把握好這層關係，讓安全和發展這雙 "鳥之兩翼" 比翼齊飛。

原載紫荊網，2024 年 3 月 20 日

責任編輯　蘇健偉

書籍設計　a_kun

書籍排版　楊　錄

書　　名　築牢安全根基　加快由治及興
　　　　　——《維護國家安全條例》立法評論選萃

出　　版　三聯書店（香港）有限公司
　　　　　香港北角英皇道 499 號北角工業大廈 20 樓
　　　　　Joint Publishing (H.K.) Co., Ltd.
　　　　　20/F., North Point Industrial Building,
　　　　　499 King's Road, North Point, Hong Kong

香港發行　香港聯合書刊物流有限公司
　　　　　香港新界荃灣德士古道 220-248 號 16 樓

印　　刷　美雅印刷製本有限公司
　　　　　香港九龍觀塘榮業街 6 號 4 樓 A 室

版　　次　2024 年 4 月香港第 1 版第 1 次印刷

規　　格　特 16 開（150 mm × 210 mm）256 面

國際書號　ISBN 978-962-04-5452-3

　　　　　© 2024 Joint Publishing (H.K.) Co., Ltd.
　　　　　Published & Printed in Hong Kong, China.